D1151561
ET

HACHETTE

Gauche **Vieux-Port, Montréal** Droite **Raquettes, Montréal**

HACHETTE

Hachette Tourisme
43, quai de Grenelle, 75905 Paris Cedex 15

Direction
Nathalie Pujo

Responsable de collection
Catherine Laussucq

Édition
Jennifer Joly

Traduit et adapté de l'anglais par
Anthony Moinet avec la collaboration
de Virginie Mahieux

Mise en pages (PAO)
Maogani

Ce guide *Top 10* a été établi par
Eleanor Berman

Publié pour la première fois
en Grande-Bretagne en 2003 sous le titre
Eyewitness Top 10 Travel Guides :
Top 10 Montréal & Québec City

Imprimé et relié en Chine
par South China Printing

Dépôt légal : 75434, janvier 2007
ISBN : 2-01-240604-1
ISSN : 1639-5638
Collection 28 - Édition 01
N° de codification : 24-0604-9

Le classement des différents sites
est un choix de l'éditeur et n'implique
ni leur qualité ni leur notoriété.

Sommaire

Montréal et Québec Top 10

Aussi soigneusement qu'il ait été établi,
ce guide n'est pas à l'abri
des changements de dernière heure.
Faites-nous part de vos remarques,
informez-nous de vos découvertes
personnelles : nous accordons
la plus grande attention
au courrier de nos lecteurs.

COUVERTURE : Photographies spéciales sauf © **THE TRUSTEES OF THE BRITISH MUSEUM** : F/C haut ; **CORBIS** : Robert Holmes F/C cgb ; Alan Keohane cb ; **MASTERFILE UK** : J.A. Kraulis F/C illustration principale.

Gauche **Stade olympique, Montréal** Droite **Rue du Petit-Champlain, Québec**

Visiter Montréal et Québec

Mode d'emploi

Gauche **Basilique Sainte-Anne-de-Beaupré** Droite **Glissades, Québec**

Abréviations :* EP *Entrée payante* - EG *Entrée gratuite* - j.f. *Jour férié* - t.l.j. *Tous les jours* - AH *Accès handicapés* - PAH *Pas d'accès handicapés

MONTRÉAL ET QUÉBEC TOP 10

TOP 10 À ne pas manquer à Montréal et à Québec

Situées sur les rives du majestueux fleuve Saint-Laurent, Montréal et Québec ont joué un rôle déterminant dans la création du Canada. On appréciera le dynamisme de ces villes portuaires, leurs quartiers historiques et les nombreux espaces culturels qu'elles abritent. Ce mélange harmonieux d'architecture ancienne et de modernisme, qu'animent saison après saison de nombreux festivals, fait tout le charme de la « belle province » du Canada.

1 Parc du Mont-Royal

S'élevant au-dessus de l'animation de la ville, cette colline boisée est le site le plus prisé de Montréal *(p. 8-11)*.

2 Basilique Notre-Dame

Bâti en 1829, ce joyau néogothique du Vieux-Montréal fut la plus grande église d'Amérique du nord *(p. 12-13)*.

3 Parc olympique

On y trouve de nombreuses attractions : un jardin botanique, un insectarium et des terrains de sport *(p. 14-17)*.

4 Musée Pointe-à-Callière

Ce musée opère une synthèse remarquable entre l'histoire de la ville et la technologie moderne. Diverses expositions et un riche fonds archéologique offrent une vision passionnante de six siècles d'histoire locale *(p. 18-19)*.

5 Musée des Beaux-Arts de Montréal

Le plus vieux musée du Québec est aussi le plus grand. Ses collections s'étendent de l'Antiquité jusqu'à l'époque moderne *(p. 20-21)*.

6 La Citadelle, Québec

Toujours opérationnelle, après trois siècles de présence militaire ininterrompue, la Citadelle abrite un hôpital et le premier observatoire astronomique du Canada *(p. 22-23)*.

7 Musée de la Civilisation de Québec

Les collections de ce musée contiennent des pièces d'artisanat amérindien, des œuvres d'art chinoises et des objets de la vie quotidienne illustrant quatre siècles d'histoire québécoise *(p. 24-25)*.

8 Basilique Sainte-Anne-de-Beaupré

Cette basilique en granit, bâtie entre 1923 et 1963, possède 240 vitraux et de magnifiques mosaïques *(p. 26-27)*.

9 Île d'Orléans

Connue comme « le berceau de la civilisation française en Amérique du Nord », l'île est occupée par des communautés de fermiers qui y perpétuent les traditions des premiers colons *(p. 28-29)*.

10 Les Laurentides

Depuis plus d'un siècle, cette chaîne de montagnes attire des vacanciers venus profiter de ses lacs, de ses chemins de randonnée et de ses pistes de ski *(p. 30-31)*.

TOP 10 Parc du Mont-Royal

Le point culminant de Montréal fut baptisé Mont-Royal par Jacques Cartier en 1535 (p. 32). Le parc du Mont-Royal est aujourd'hui une zone protégée de 140 ha. Ses vastes espaces verts abritent une prodigieuse diversité de plantes et de fleurs, des centaines d'espèces d'oiseaux ainsi qu'une abondante faune sauvage. Constituées en parc en 1876 par Frederick Law Olmsted, les collines boisées du mont sont une bénédiction pour les habitants de Montréal. Selon les saisons, on y chaussera des patins à glace ou des raquettes à neige, à moins d'opter pour une bicyclette ou une barque à rames. L'impressionnant oratoire Saint-Joseph se trouve au nord-ouest du parc.

Centre de la Montagne

En hiver, les Tam-tams du mont Royal se déplacent au El Zaz Bar *(p. 78)*.

Le stationnement dans le parc du Mont-Royal est relativement cher. Mieux vaut se garer à proximité d'un cimetière et rejoindre le belvédère à pied.

- *Plan C2*

- *(514) 843 8240*
- *www.lemontroyal.qc.ca*
- *AH*
- *EG*
- *Oratoire Saint-Joseph : 3800 chemin Queen-Mary, (514) 733 8211, messe 6h30 et 21h ; AH ; EG. www.saint-joseph.org*

À ne pas manquer

1. Croix
2. Sentiers
3. Panoramas
4. Cimetières
5. Lac aux Castors
6. Écuries de la police
7. Maison Smith
8. Centre de la Montagne
9. Tam-tams du Mont-Royal
10. Oratoire Saint-Joseph

1 Croix

Mesurant 31 m de haut, la première croix en acier fut érigée par Paul de Chomedey de Maisonneuve en 1643.

2 Sentiers

Le parc est quadrillé par un réseau de sentiers forestiers très prisé des cyclistes et des coureurs en été, et des amateurs de ski de fond en hiver.

3 Panoramas

Le belvédère Kondiaronk *(ci-dessous)* est situé près du chalet. La voie Camilien-Houde, aussi appelée « le belvédère des amoureux », offre une belle vue sur l'est de la ville et sur le fleuve.

4 Cimetières

Notre-Dame-des-Neiges (catholique) et Mont-Royal (historiquement protestant) sont les deux principaux cimetières de la ville. Ornés de belles statues et de bas-reliefs, ce sont des lieux de promenade appréciés.

5 Lac aux Castors

Situé au cœur du parc du Mont-Royal, il est fréquenté par les amateurs de barque (ci-dessus) à la belle saison et par les patineurs en hiver.

Carte du parc du Mont-Royal

6 Écuries de la police

Elles sont ouvertes aux visiteurs. Il n'est pas rare de voir des officiers à cheval dans le parc.

7 Maison Smith

Construite en 1858 pour le marchand bostonien Hosea B. Smith, la maison Smith *(ci-dessous)* abrite désormais les expositions du Centre de la Montagne.

8 Centre de la Montagne

Ce centre est dédié à la préservation du parc et à la mise en valeur de son patrimoine historique et naturel.

9 Tam-tams du Mont-Royal

Depuis plus de 30 ans, percussionnistes, musiciens, danseurs et artisans se retrouvent en été chaque dimanche au pied du monument sir George-Étienne Cartier pour participer à ce moment de fête.

10 Oratoire Saint-Joseph

Le dôme du sanctuaire domine l'ouest du parc. Attirés par les récits de guérisons miraculeuses, de nombreux pèlerins visitent l'oratoire chaque année *(p. 10-11)*.

Frederick Law Olmsted

Fer de lance du mouvement de paysagistes « City Beautiful », Frederick Law Olmsted est né à Hartford, dans le Connecticut, en 1822. Célèbre pour avoir réalisé le Central Park de New York, Olmsted s'efforça de préserver la beauté naturelle du mont Royal en rejetant la mode des jardins à la française. Il compléta le paysage naturel dans un style champêtre et créa des aires de détente.

Classé Patrimoine national, le parc est désormais à l'abri du développement immobilier.

Gauche **Façade de l'oratoire Saint-Joseph** Droite **300 marches**

TOP 10 Découvrir l'oratoire Saint-Joseph

1 Frère André

Né en 1845, Alfred Bessette entra dans l'ordre de la Sainte-Croix en 1870. C'est sous le nom de frère André qu'il y exerça toute sa vie ses pouvoirs de guérison miraculeux. Il attribuait son don à l'intercession de saint Joseph. Il collecta des fonds pour ériger un oratoire en son honneur.

2 Architecture néoclassique

Les architectes Dalbé Viau et Alphonse Venne ont introduit de nombreux éléments corinthiens dans l'aspect extérieur de Saint-Joseph. Le projet fut mené à terme avec l'aide de Lucien Parent, de dom Paul Bellot et de l'architecte Gérard Notebaert.

3 Musée de Saint-Joseph

Une importante collection d'œuvres sacrées constitue le noyau de la collection permanente du musée, qui contient également des figurines de cire représentant des scènes de la vie de la Sainte Famille, créées par l'artiste canadien Joseph Guardo.

Les vitraux de la crypte

4 Crypte

Bâtie en 1916 au pied de la basilique, la crypte est dotée d'un autel en marbre de Carrare et de très beaux vitraux. Jean-Charles Charest, un artiste de Montréal, a récemment restauré le sanctuaire en y ajoutant un tabernacle, un lutrin, une colonnade et des chaises en chêne massif.

5 300 marches

Il n'est pas rare de voir un pèlerin gravir à genoux les 300 marches qui mènent à la basilique. L'usure provoquée par l'afflux des pénitents a un coût : huit millions de dollars furent nécessaires pour les restaurer.

6 Pavillon des pèlerins

Une hôtellerie parfaitement située, à côté du parking, abrite un magasin de souvenirs et une cafétéria. Une organisation y propose des séjours spirituels, adaptés aux besoins de chacun.

7 Chapelle votive

Cannes et béquilles décorent les murs de cette chapelle comme autant de preuves des guérisons miraculeuses dont elle fut témoin. On y allume des cierges en l'honneur de saint Joseph avant de se recueillir sur la tombe de frère André.

La meilleure façon de visiter l'oratoire est de suivre une des visites guidées qui partent du pavillon des visiteurs.

8 Tombe de frère André

Frère André s'est éteint le 6 janvier 1937, à l'âge de 91 ans. Une magnifique fresque d'Henri Charlier orne les murs du tombeau. Un registre recueille les signatures des millions de pèlerins qui militent en faveur de sa canonisation.

9 Autel et stations du chemin de croix

Le magnifique autel, le crucifix et les 12 statues en bois des apôtres sont l'œuvre de l'artiste français Henri Charlier. Roger de Villiers réalisa les stations de la croix entre 1957 et 1959. Les mosaïques de l'autel furent ajoutées en 1960.

Autel et Crucifix

10 Petits Chanteurs de Mont-Royal

Créée en 1956 par le père Brault, la chorale de l'oratoire regroupe 170 enfants âgés de 9 à 17 ans. Leur réputation internationale leur vaut d'être invités à des festivals dans le monde entier. Lorsqu'ils ne sont pas en train de chanter, les choristes poursuivent leurs études au collège Notre-Dame.

L'histoire de l'oratoire Saint-Joseph

L'histoire de l'oratoire de Montréal a commencé en 1904 avec la construction d'une petite chapelle par frère André et ses amis. C'est seulement en 1967 que fut achevée la construction du monument. S'élevant à 150 m au-dessus du niveau de la rue, son dôme est le second plus grand dôme du monde (60 m de la base au sommet) après celui de Saint-Pierre de Rome. Inspirée par l'architecture de la Renaissance italienne, la basilique est ornée de colonnes corinthiennes, de vitraux somptueux et possède l'un des plus importants carillons d'Amérique du Nord (56 cloches). L'oratoire attire chaque année plus de deux millions de visiteurs – et l'on ne compte plus les béquilles et les chaises roulantes abandonnées sur place, suite à des guérisons miraculeuses. Les fidèles de frère André font grand cas de ses pouvoirs surnaturels et militent pour obtenir sa canonisation. L'Église catholique exige deux miracles posthumes pour ouvrir un procès en canonisation. En 1982, le caractère miraculeux de la guérison d'un cancer fut officiellement reconnu par Jean Paul II – les disciples de frère André attendent un second miracle.

Frère André

Pour éviter les foules, mieux vaut venir tôt le matin ou en fin de journée.

TOP 10 Basilique Notre-Dame

Cette immense structure néogothique conçue par l'architecte irlandais James O'Donnell et bâtie entre 1823 et 1829 est le plus magnifique monument du Vieux-Montréal. L'intérieur médiéval de ce vaste édifice est orné de sculptures en noyer et de merveilleux vitraux. Des étoiles en or 24 carats constellent la voûte bleue de la nef centrale. Signé Casavant, l'orgue est l'un des plus grands d'Amérique du Nord. Ne manquez surtout pas les peintures de la nef et l'impressionnante chapelle du Sacré-Cœur qui est dissimulée derrière l'autel.

Claude Postel, chocolatier (75 Notre-Dame Ouest), propose de délicieux sandwichs, du café et des desserts.

L'été, la basilique organise de merveilleux sons et lumières.

- *110 rue Notre-Dame Ouest, place d'Armes*
- *plan K3*
- *(514) 842 1070*
- *ouv. lun. 8h-18h, mar.-sam. 8h-17h, dim. 13h30-18h*
- *EP : 3 $.*
- *www.basiliquenddm.org*

À ne pas manquer

1. Architecture néogothique
2. Vitraux
3. Gros bourdon
4. Orgue de Casavant
5. Retable
6. Chaire
7. Chapelle du Sacré-Cœur
8. Sculptures de Daudelin
9. Mariages de célébrités
10. Séminaire Saint-Sulpice

1 Architecture néogothique

Le plan rectangulaire de la basilique était fort original pour son époque. Les voûtes des arcades latérales sont soutenues par des croisées d'ogives. Rosaces et créneaux complètent le décor.

2 Vitraux

Ils furent créés en 1929 par Olivier Maurault, prêtre et écrivain. Ils mêlent des thèmes religieux à des scènes de la vie quotidienne des habitants du Vieux-Montréal.

3 Gros bourdon

On entend le gros bourdon à 30 km à la ronde. C'est la plus grosse cloche d'Amérique du Nord.

4 Orgue de Casavant

Joseph Casavant, un forgeron québécois, fut le premier facteur d'orgues du Canada. Il conçut celui de la basilique en 1891. Il est composé de 7 000 tuyaux.

6 Chaire

C'est la première réalisation connue de Victor Bourgeau. Dotée d'un escalier en colimaçon *(à gauche)*, les mauvaises langues ont comparé la chaire de la basilique à une pièce montée de pâtisserie. Sa situation au cœur de l'édifice aidait l'orateur à se faire entendre.

Plan de la basilique

7 Chapelle du Sacré-Cœur

Construite en 1888, ce joyau architectural est caché derrière l'autel. Les nombreux mariages qui y ont été célébrés lui ont valu d'être surnommée « la chapelle matrimoniale ».

8 Sculpture de Daudelin

Les bronzes du sculpteur Charles Daudelin qui se trouvent derrière la chapelle du Sacré-Cœur comptent parmi ses œuvres les plus dramatiques.

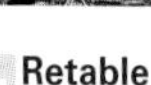

5 Retable

En 1880, les artistes Henri Bouriché et Louis-Philippe Hébert créèrent les sculptures en bois du retable qui se détachent si nettement du fond azuré du cœur *(ci-dessous)*.

9 Mariages de célébrités

De nombreux couples célèbres se sont mariés à Notre-Dame, le plus connu est sans aucun doute celui de Céline Dion *(p. 39)*.

10 Séminaire Saint-Sulpice

Bâti en 1685 par l'ordre sulpicien, jouxtant la basilique, c'est le plus ancien monument de Montréal.

James O'Donnell

La conception et la construction de la basilique furent confiées à l'architecte irlandais James O'Donnell en 1823. De confession protestante, il se convertit au catholicisme une fois le travail accompli, ce qui lui valut le privilège d'être enterré dans « son » église. Tirant le meilleur parti du travail de ses nombreux collaborateurs, il fut à l'origine de l'introduction du style néogothique au Canada.

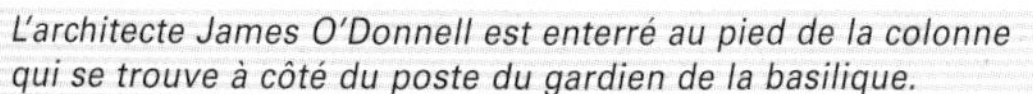

L'architecte James O'Donnell est enterré au pied de la colonne qui se trouve à côté du poste du gardien de la basilique.

TOP 10 Parc olympique

L'un des plus spectaculaires centres d'attraction de Montréal, le Parc olympique fut longtemps très controversé. Bâti pour accueillir les Jeux olympiques de 1976, il ne fut achevé qu'à la fin des années 1980, pour un coût total de 1,4 milliard $. Le toit rétractable du stade n'a jamais fonctionné correctement, ce qui n'enlève d'ailleurs rien au plaisir qu'éprouvent ses visiteurs à visiter les nombreuses expositions et à profiter des fabuleuses infrastructures du parc. Un funiculaire conduit jusqu'au sommet de la tour de Montréal, qui offre une vue panoramique de la région.

Stade olympique et tour de Montréal

Moe's Deli, situé sur la rue Sherbrooke, est l'endroit idéal pour se restaurer à bon marché dans une atmosphère sympathique ***(p. 78)*****.**

Située dans l'observatoire de la tour de Montréal, l'exposition « Montréal en mouvement » retrace en photos un siècle de l'histoire de la ville.

- *4141, rue Pierre-de-Coubertin*
- *Métro Pie-IX*
- *(514) 252 4737*
- *www.rio.gouv.qc.ca*
- *L'entrée de certaines attractions est payante.*
- *Jardin botanique : 4101 rue Sherbrooke Est, (514) 872 1400, ouv. mi-juin-mi-sept. : t.l.j. 9h-19h, mi-sept.-mi-juin : t.l.j. 9h-17h, AH, EP.*

À ne pas manquer

1. Stade olympique
2. Aréna Maurice-Richard
3. Biodôme
4. Insectarium
5. Jardin botanique
6. Tour de Montréal
7. Marché Maisonneuve
8. Musée Château Dufresne
9. Centre sportif
10. Village olympique Condos

1 Stade olympique

Conçu par l'architecte français Roger Taillibert et bâti pour accueillir les Jeux olympiques de 1976, le stade *(à droite)* peut accueillir jusqu'à 65 000 spectateurs. Son toit est suspendu à des câbles et recouvert d'une membrane en Kevlar. On y organise régulièrement des concerts de rock et des événements sportifs.

2 Aréna Maurice-Richard

Nommée en l'honneur du hockeyeur canadien Maurice Richard, l'Aréna accueille régulièrement des matches de hockey sur glace. Un musée consacré à « l'univers de Maurice Richard » contient de nombreux souvenirs du champion.

3 Biodôme

Le Biodôme abrite de nombreuses merveilles comme les reconstitutions de la forêt tropicale, du monde polaire et de la forêt laurentienne.

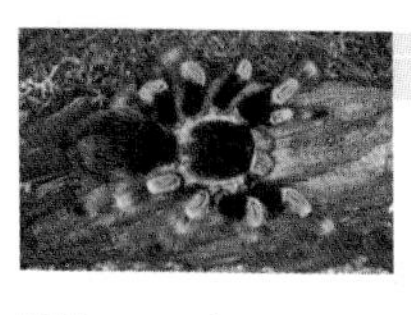

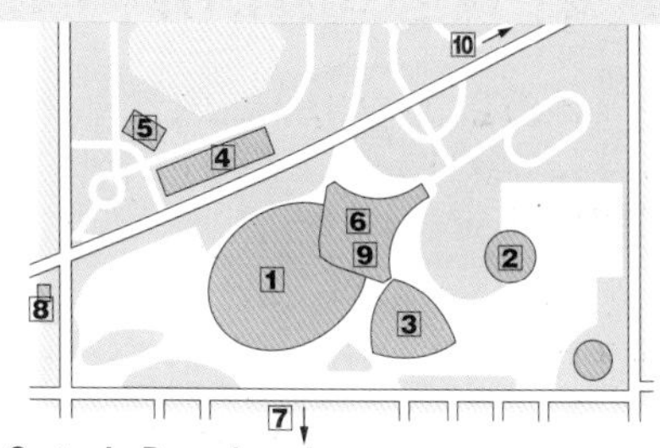

Carte du Parc olympique

4 Insectarium
Le Québécois Georges Brossard, connu sous le sobriquet de « l'homme insecte », rapporte de ses voyages dans le monde entier d'exotiques arthropodes.

5 Jardin botanique
Fondé en 1931 et s'étendant sur quelque 50 ha, ce magnifique jardin fut conçu par l'horticulteur Henry Teuscher *(p. 16-17)*.

6 Tour de Montréal
Avec ses 152 m, c'est la plus haute tour penchée du monde. Deux minutes de funiculaire permettent d'accéder à l'observatoire, qui offre une très belle vue de Montréal.

7 Marché Maisonneuve
Plus qu'un endroit où faire ses courses, le marché est avant tout un lieu de rencontre. Il attire des clients des quatre coins de Montréal et de la province. Il constitue pour les visiteurs un poste d'observation idéal.

8 Musée Château Dufresne
D'inspiration gothique, cette résidence privée fut conçue par l'architecte parisien Jules Renard et par Marius Dufresnes. Bâti entre 1915 et 1918, le musée abrite aujourd'hui des expositions d'arts décoratifs.

9 Centre sportif
On y trouve six piscines dont l'eau est constamment recyclée *(ci-dessous)*, ainsi que des terrains de badmington et de volley-ball, un club de plongée et bien d'autres installations.

10 Village olympique
Aujourd'hui prisés par les habitants de Montréal, les appartements de ces immeubles élégants furent conçus pour accueillir les athlètes des Jeux de 1976.

Le maire Jean Drapeau

De l'avis général, l'enthousiasme de Jean Drapeau, qui fut maire de Montréal entre 1954 et 1957, puis à nouveau de 1960 à 1986, a grandement contribué à donner à Montréal une stature internationale. Avocat de formation, passionné pour sa ville natale, il supervisa la construction du métro, la création de la place des Arts, et réussit à attirer à Montréal l'Exposition universelle en 1967 et les Jeux olympiques en 1976.

Gauche et droite **Jardin chinois**

Découvrir le Jardin botanique

1 Serres

Des serres ont été aménagées à côté de l'entrée afin de pouvoir recréer les conditions climatiques nécessaires à la culture d'essences tropicales, de plantes médicinales exotiques et d'orchidées multicolores.

2 Jardin chinois

C'est le plus grand jardin Ming en dehors de la Chine. Se déployant autour du lac du Rêve *(ci-dessous)*, ses 3 ha sont amoureusement entretenus par une équipe de jardiniers spécialisés originaires de Montréal et de Shanghai.

3 Lac du Rêve

Situé au cœur du Jardin chinois, c'est un lieu propice à la méditation. On peut s'y reposer en observant les oies et les canards qui barbotent sur le lac ou bien se promener au milieu des rocailles le long de passerelles spécialement aménagées.

Lac du Rêve

4 Jardin des Premières Nations

Ces 3 ha de jardins sont consacrés aux Amérindiens et au lien magique qui les unit à la nature. On y trouve de nombreuses bornes interactives, des aires de spectacles et diverses animations. Il est divisé en cinq secteurs : la forêt de conifères, la forêt de feuilles, le territoire nordique, le pavillon d'interprétation et un lieu de rassemblement.

5 Pavillon du thé japonais Sukiya

L'architecte Hisato Hiraoka a conçu cette élégante structure en hommage à l'habitat traditionnel japonais et aux idéaux artistiques nippons. Il abrite une galerie d'art, un jardin zen, des bonsaïs, une salle d'exposition et un magasin de souvenirs.

6 Collection de bonsaïs Wu Yee-Sun

On peut visiter toute l'année la fascinante collection de bonsaïs Wu Yee-Sun exposée à l'abri d'une serre. C'est l'une des plus belles et des plus grandes du monde.

7 Maison de l'arbre

Situé au nord-est du parc, ce centre de découverte contient une exposition interactive divisée en quatre parties : les arbres dans notre histoire, leur anatomie et

Horaires d'ouverture des jardins p. 14

leur croissance, le monde de la forêt et de l'utilité des arbres.

8 Ballade
Il s'agit du nom du minibus qui circule toute la journée le long des chemins pavés. Ses arrêts sont clairement signalés. Il n'est pas de manière plus reposante de découvrir le Jardin botanique qu'en l'empruntant.

9 Bibliothèques
Le jardin contient deux bibliothèques très intéressantes. La bibliothèque municipale comporte une section réservée aux enfants. La bibliothèque universitaire possède une importante collection de publications scientifiques et de nombreux ouvrages de botanique.

Bonsaï

10 Pour les enfants
Des expositions permanentes ont pour mission de sensibiliser les enfants aux merveilles de la nature. Parmi les nombreuses animations conçues spécialement pour le jeune public, il y a un jardin d'enfants, l'exposition « Les Papillons en liberté », une compétition de masques d'Halloween et la salle de découverte « Chlorophylle ». Chaque saison apporte sa nouvelle animation.

Les incontournables

1. Aracées
2. Bégonias
3. Bonsaïs et penjing
4. Fougères
5. Broméliacées
6. Cactus et plantes grasses
7. Cycadées
8. Orchidées
9. Lilas et lotus
10. Gesnériacées

Création des jardins
Au moment de son inauguration en 1938, le Jardin botanique de Montréal était le second plus grand jardin du monde, après celui de Kew Gardens, à Londres. Grâce à son équipe de jardiniers talentueux, il continue de prospérer en dépit des rudes hivers québécois.

Histoire du Jardin botanique

En 1932, Camilien Houde, le maire de Montréal envisagea la création d'un jardin botanique comme moyen de donner du travail aux chômeurs de la ville. Il demanda à l'architecte Lucien Kéroack d'en concevoir l'édifice principal et lança aussitôt les travaux, en pleine récession économique. Le projet doit beaucoup aux idées visionnaires de frère Marie-Victorin et de ses coreligionnaires de la communauté des Frères Chrétiens. C'est le paysagiste et botaniste américain Henry Teuscher qui créa les collections permanentes et conçut le plan du site. La construction des serres fut achevée en 1938. Depuis, les habitants de Montréal peuvent profiter toute l'année de cet inestimable domaine horticole.

Chaque automne, le festival La Magie des lanternes célèbre la nouvelle moisson en suspendant 600 lanternes chinoises dans les jardins.

TOP 10 Musée Pointe-à-Callière

Se dressant comme une sentinelle à la confluence du Saint-Pierre et du Saint-Laurent, ce monument historique fut érigé pour commémorer la fondation de la ville sur le site de l'actuelle place Royale. Cet édifice en acier poli et en pierre comprend trois sections bien distinctes : un élégant immeuble moderne bâti sur les vestiges de structures plus anciennes, une crypte archéologique et un poste de douane restauré. Un guide automatique permet aux visiteurs de choisir leur itinéraire. D'autres guides, en chair et en os ceux-là, se font un plaisir de faire revivre le passé de la ville à travers leurs histoires.

Ancienne douane

Le Café L'Arrivage, situé au 1er étage du musée, offre une belle vue sur Montréal. On y sert une cuisine de qualité, à un prix relativement élevé.

- *350, place Royale, angle de la rue de la Commune*
- *plan K3*
- *(514) 872 9150*
- *www.pacmuseum.qc.ca*
- *ouv. lun.-ven 10h-18h, sam. et dim. 11h-18h*
- *AH*
- *EP : 10 $.*

À ne pas manquer

1. Éperon
2. Histoires de la ville
3. Premier cimetière catholique d'Amérique du Nord
4. Ici naquit Montréal
5. Conduit voûté souterrain
6. Passé virtuel
7. Ancienne douane et son architecte
8. De Wampun à la carte de crédit
9. Laissez une trace
10. Station de pompage Youville

1 Éperon

L'œuvre de l'architecte Dan S. Hanganu *(à droite)* mérite à elle seule le détour. La porte d'entrée marque l'emplacement où se dressaient autrefois les premières habitations de Ville-Marie (1642).

2 Histoires de la ville

C'est la meilleure introduction possible à la visite du musée : un inoubliable voyage de 15 minutes à la découverte de Montréal et de son histoire.

3 Premier cimetière catholique d'Amérique du Nord

Les premiers habitants de Ville-Marie créèrent un cimetière *(à droite)* sous l'actuelle place Royale, qui fut mis au jour au cours des travaux de fondation du musée.

4 Ici naquit Montréal

Cette exposition embrasse 600 ans d'histoire locale, du temps des Premières Nations jusqu'à l'époque actuelle.

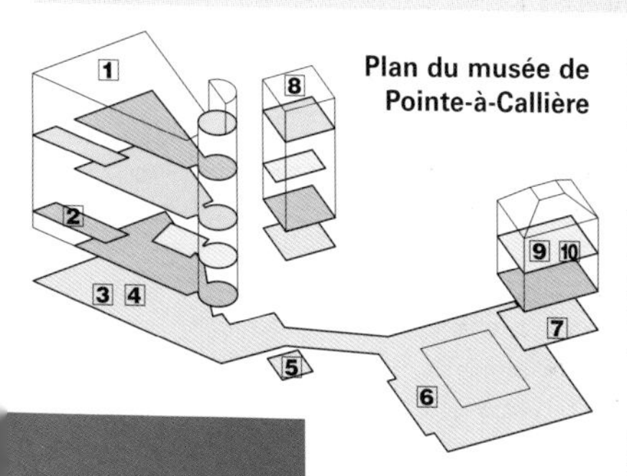

Plan du musée de Pointe-à-Callière

Légende

- Sous-sol
- Rez-de-chaussée
- 1er étage
- 2e étage
- 3e étage
- 4e étage

6 Passé virtuel

La technologie des images virtuelles permet de ramener les figures du passé à la vie. Cette exposition matérialise cinq siècles d'histoire derrière un écran de verre.

9 Laissez une trace

Ce jeu interactif *(ci-dessous)*, installé au premier étage de l'Ancienne douane, offre la possibilité à des participants de tous les âges de réécrire l'histoire à leur gré. Un grand moment de divertissement.

7 Ancienne douane et son architecte

Bâti entre 1836 et 1838, cet immeuble néoclassique a été conçu par John Ostell, un architecte local. Il a été restauré avec soin et fait désormais partie du musée.

10 Station de pompage Youville

En face du musée, l'ancienne station de pompage abrite aujourd'hui un musée des Sciences et des Technologies.

Histoire du musée

C'est en 1642 que Paul de Chomedey de Maisonneuve, fonda Ville-Marie, l'ancêtre de Montréal, sur le site de l'actuel musée. Plus de 350 années plus tard, les fouilles ont mis au jour d'innombrables vestiges de l'époque des premiers colons de la Nouvelle-France. Le travail des archéologues continue et de nouveaux trésors sont régulièrement découverts.

5 Conduit voûté souterrain

Ces vestiges de l'ancien système des égouts de Montréal, dont la construction remonte au XVIIIe siècle, se trouvent aujourd'hui sous une rue pavée. Un autre conduit permet d'apercevoir la rivière Saint-Pierre dont le cours est aujourd'hui entièrement souterrain.

8 De Wampum à la carte de crédit

L'ancienne douane accueille une exposition qui retrace l'histoire des échanges commerciaux dans la région des origines à nos jours.

TOP 10 Musée des Beaux-Arts de Montréal

Occupant les deux côtés de la rue Sherbrooke Ouest, c'est l'un des plus beaux musées d'Amérique du Nord. Il a été fondé en 1860 par le groupe de collectionneurs de l'Association artistique de Montréal dans le but d'y présenter des expositions, d'accueillir une école des Beaux-Arts, une collection permanente de peintures et une grande bibliothèque. À terme, les membres de l'association réussirent à financer la construction d'un autre édifice, baptisé par la suite pavillon Michal et Renata Hornstein pour y exposer des œuvres de maîtres anciens et contemporains. En 1991, le musée se vit adjoindre le pavillon Jean-Noël Desmarais, qui s'élève sur le côté sud de la rue.

Façade du pavillon Jean-Noël Desmarais

Le Café des Beaux-Arts qui se trouve dans le pavillon Jean-Noël Desmarais offre une cuisine de qualité, à un prix relativement élevé (*p. 72*). La cafétéria d'à côté propose des snacks à des prix plus raisonnables.

- *1379-1380, rue Sherbrooke Ouest*
- *plan C3*
- *(514) 285 2000*
- *www.mmfa.qc.ca*
- *ouv. mar., jeu.-dim. 11h-17h, mer. 11h-21h*
- *AH*
- *EG*

À ne pas manquer

1. Portrait d'une jeune femme
2. Apelles peignant Campaspe
3. Octobre
4. Judith et la tête de Holopherne, Didon
5. Le Denier de César
6. Portrait de l'avocat Hugo Simons
7. Venise, vue de la lagune
8. Le Roué
9. L'Étoile noire
10. L'Heure mauve

3 Octobre

C'est Kathleen Irene Newton qui servit de modèle à cette allégorie réalisée en 1877, dans laquelle James Tissot donna la pleine mesure de son talent. Réalisée à Londres, l'œuvre commémorait la chute de la Commune de Paris en 1871.

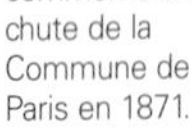

1 Portrait d'une jeune femme

Cette œuvre de Rembrandt associe une grande maîtrise de la lumière, des couleurs et de la texture.

2 Apelles peignant Campaspe

Dans ce tableau réalisé en 1726, l'artiste italien Tiepolo a recours au procédé baroque de la mise en abîme. On aperçoit dans un coin de l'atelier une toile du même Tiepolo, *Le Bronze Serpent*.

8 Le Roué

Réalisé en 1954, par le célèbre artiste québécois Jean-Paul Riopelle, ce tableau est une merveilleuse mosaïque de couleurs et de tonalités. En dépit de son aspect chaotique, on devine dans le travail de Riopelle une affinité secrète avec l'œuvre de Cézanne.

9 L'Étoile noire

Paul-Émile Borduas a commencé sa carrière artistique comme décorateur d'église, avant d'entrer aux Beaux-Arts de Montréal et d'achever ses études à Paris. Ce tableau réalisé en 1957 remporta un prix posthume (en 1960), décerné par le musée Guggenheim pour le meilleur tableau canadien exposé dans une galerie new-yorkaise.

5 Le Denier de César

Cette œuvre de Philippe de Champaigne (1655) représente un épisode des Évangiles. La figure qui apparaît à droite de cette composition religieuse serait un autoportrait de l'artiste, à la manière de Raphaël.

10 L'Heure mauve

Commandée en 1929 auprès de l'un des artistes les plus célèbres du Québec, Ozias Leduc, pour le pavillon Michal et Renata Hornstein, cette peinture est une merveilleuse évocation de l'hiver. Le talent avec lequel Leduc est parvenu à capturer la lumière du crépuscule confirme sa réputation de grand paysagiste.

4 5 1 2 3

Plan du musée

- Niveau S2
- Niveau 3
- Niveau 4

4 Judith et la tête de Holopherne, Didon

Conçue en 1500, cette œuvre de Mantegna possède tous les attributs de la peinture de la Renaissance : l'absence d'émotion et une ligne d'une grande pureté.

6 Portrait de l'avocat Hugo Simons

Ce portrait de 1929 illustre merveilleusement la liberté artistique d'Otto Dix. Le halo cuivré qui entoure la silhouette de l'avocat lui donne une dimension spirituelle.

7 Venise, vue sur la lagune

Connu pour son amour du paysage urbain, pour sa volonté de rupture avec les traditions et pour sa défense de l'art pour l'art, Morrice réalisa cette œuvre emblématique entre 1902 et 1904.

Suivez le guide

Le musée est composé de trois pavillons : le pavillon Michal et Renata Hornstein (dédié aux arts inuit et canadien). À l'intérieur de celui-ci se trouve le pavillon Lilliane et David M. Stewart, consacré aux arts décoratifs. Le pavillon Jean-Noël Desmarais, de l'autre côté de la rue, est relié au reste du musée par un passage souterrain. Il abrite les collections d'arts européens. On peut entrer dans le musée par le pavillon de son choix.

TOP 10 La Citadelle de Québec

Occupant une position spectaculaire sur le cap Diamant, ces dix bâtiments répartis sur 16 ha constituent la plus grande place fortifiée d'Amérique du Nord. Surplombant le Saint-Laurent, le site fut d'abord aménagé par les Français en 1750, puis par les Anglais, entre 1820 et 1850. C'est à ces derniers que l'on doit la construction des murs d'enceinte en forme d'étoile, bâtis au XIXe siècle pour défendre la ville contre une hypothétique invasion américaine. Le fort est aujourd'hui occupé par le Royal 22e Régiment de l'armée canadienne. Tout au long de l'été, la place d'armes résonne au son des parades et des revues militaires qui s'y déroulent quotidiennement.

Porte Dalhousie

Il n'y a pas de cafétéria dans la citadelle, mais il est autorisé d'y apporter un pique-nique

La relève de la garde a lieu tous les jours à 10h (mi-juin-mi-septembre) et dure à peu près 35 minutes.

- *Côte de la Citadelle*
- *plan L6*
- *(418) 694 2815*
- *www.lacitadelle.qc.ca*
- *ouv. t.l.j.*
- *AH*
- *EP : 6$ (EG pour les moins de 7 ans et pour les personnes handicapées).*

À ne pas manquer

1. Murs d'enceinte
2. Porte Dalhousie
3. Relève de la garde
4. Fortifications
5. Caserne
6. Chapelle
7. Redoutes
8. Résidence du gouverneur général
9. Coup de canon
10. Musées

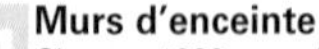

1 Murs d'enceinte

C'est en 1820, sous la direction du lieutenant colonel britannique Elias Walker Durnford, que furent lancés les travaux de construction de l'enceinte polygonale *(à droite)*, renforçant le contrôle qu'exerçait la citadelle sur le trafic entre les Grands Lacs et de l'océan Atlantique

2 Porte Dalhousie

Nommée ainsi en l'honneur du château Dalhousie en Écosse, c'est l'entrée principale de la Citadelle et un passage obligé pour les innombrables parades et défilés qui l'arpentent tout l'été.

3 Relève de la garde

C'est un des exercices militaires les plus divertissants qui soient. Exécutées avec précision, sur fond musical, les manœuvres se déroulent sous le regard impavide de la chèvre Batisse, la mascotte du régiment.

4 Fortifications

La forteresse *(à gauche)* jouit d'une position dominante, presque inexpugnable, de fondations solides et d'une vue panoramique. C'est sans doute cette invulnérabilité apparente qui dissuada les ennemis potentiels de s'y attaquer.

5 Caserne

Une grande portion de la Citadelle servait à l'hébergement des soldats. On peut y voir plusieurs vieux chars militaires.

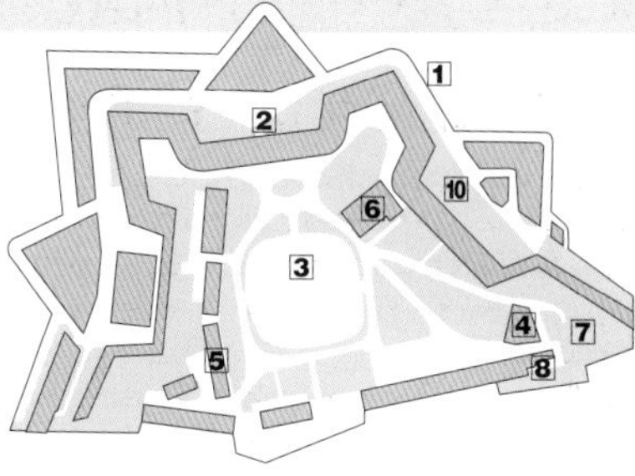

Plan de la Citadelle

9 Coup de canon

En été, on fait tirer le canon de la Citadelle deux fois par jour, à midi et à 21 h 30.

10 Musées

Les deux musées de la Citadelle sont consacrés à l'histoire militaire et au Royal 22e Régiment. L'un se trouve dans une poudrière construite en 1750 et l'autre dans une ancienne prison bâtie en 1842. Ils contiennent des objets de la vie quotidienne des soldats, des documents militaires, des costumes de cérémonie, des armes anciennes et quelques autres pièces intéressantes.

6 Chapelle

Les contraintes de la vie militaire obligeant souvent les soldats à vivre retranchés dans la citadelle pendant de longues périodes, on y fit aménager une chapelle *(ci-dessus)*.

7 Redoutes

La présence de ces bastions armés autour de la Citadelle devait permettre de défendre ses flancs contre les attaquants.

8 Résidence du gouverneur général

Depuis que Samuel de Champlain occupa ce poste en 1660, le gouverneur général réside ici chaque été *(ci-dessous)*.

Le Royal 22e Régiment

Depuis 1969, la garde de la Citadelle est confiée au 2e bataillon du Royal 22e Régiment. Cette unité s'est distinguée par sa bravoure lors de la guerre de Corée et a depuis participé à de nombreuses missions de maintien de la paix. Les exercices militaires comme la relève de la garde apportent leur touche colorée à l'été québécois, grâce, entre autres, au pourpre des uniformes de la fanfare.

Top 10 Musée de la Civilisation de Québec

Peu de musées peuvent se vanter d'avoir fait l'objet d'éloges aussi enthousiastes que celui-ci. Ses expositions – dont dix permanentes – sont consacrées à des sujets aussi variés que l'histoire, la culture, les sports et la science, et organisées de manière interactive pour instruire les visiteurs en les distrayant. Conçu par le célèbre architecte Moshe Safdie, qui créa également la National Gallery d'Ottawa, le MCQ regroupe le musée de l'Amérique française, la maison Chevalier, le séminaire de Québec, ainsi que le Centre d'interprétation de la place Royale, une façon idéale d'aborder la vie du Québec sous toutes ses facettes.

Façade du musée de la Civilisation

La cafétéria qui se trouve près du vestiaire permet de se restaurer bon marché.

Il est déconseillé d'essayer de voir toutes les expositions du musée en une seule journée. Il est préférable d'opérer une présélection en fonction de vos centres d'intérêts.

- *85, rue Dalhousie, basse ville, Québec*
- *plan M4*
- *(418) 643 2158*
- *www.mcq.org*
- *ouv. mar.-dim. 10h-17h*
- *EP : 7 $ (EG le mar. en hiver).*

À ne pas manquer

1. Objets de civilisation
2. Rencontre avec les Premières Nations
3. Musée de l'Amérique française
4. Fous de hockey
5. Maison Chevalier
6. Centre d'interprétation de la Place-Royale
7. Séminaire de Québec
8. Infiniment bleu
9. Place au Moyen Âge
10. Joseph le pensionnaire

1 Objets de civilisation

Cette merveilleuse collection regroupe diverses découvertes archéologiques mises au jour pendant les travaux, comme un bateau de pêche et un vieil attelage.

2 Rencontre avec les Premières Nations

Une magnifique exposition consacrée à la civilisation amérindienne *(à droite)* retrace l'histoire des premiers occupants du Canada à travers 500 objets.

3 Musée de l'Amérique française

C'est le plus ancien musée du Canada. Il contient quelque 450 000 objets provenant des premières communautés de colons français.

4 Fous de hockey

Cette exposition dédiée au sport favori des Canadiens en retrace l'évolution de 1837 à nos jours à l'aide de photographies, de trophées et d'exemples d'ancien matériel.

5 Maison Chevalier

La demeure de Jean-Baptiste Chevalier, qui date du XVIIe siècle, a été entièrement restaurée. Un atelier du patrimoine vivant regroupe une série d'expositions didactiques dédiées aux us et coutumes françaises, à la musique et aux danse traditionnelles des premiers colons.

6 Centre d'interprétation de la Place-Royale

Le quotidien de Nouvelle-France y revient à la vie. Le site de la première implantation accueille régulièrement des célébrations commémoratives.

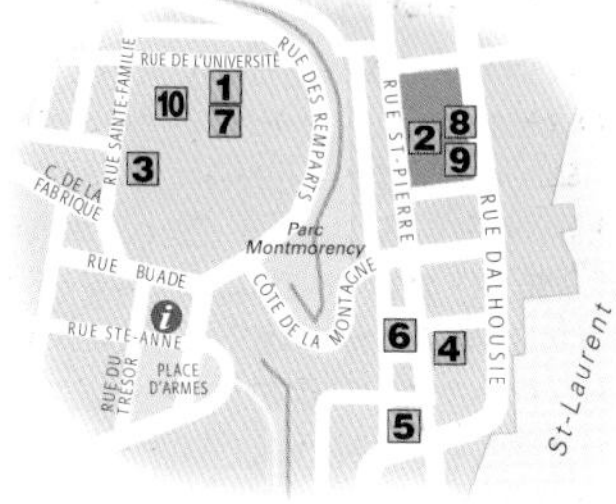

Plan des différents sites du musée

7 Séminaire de Québec

Le séminaire *(ci-dessus)* accueille trois expositions rassemblant la plus grande collection d'art sacré d'Amérique du Nord. Elles présentent la vie religieuse des premières communautés.

9 Place au Moyen Âge

Cette reconstitution d'un village médiéval français permet de comprendre comment la vie quotidienne de cette époque a influencé la manière dont nous vivons aujourd'hui.

10 Joseph le pensionnaire

Cette exposition interactive située dans le pavillon Jérôme-Demers présente la vie quotidienne de Joseph, un pensionnaire du petit séminaire de Québec, à l'époque de la Nouvelle-France.

Séparatisme

Depuis qu'en 1848 les Britanniques ont offert aux Français la possibilité de préserver leur langue au sein d'un pays globalement anglophone, la relation entre ce qui allait devenir la nation canadienne et la province du Québec a été caractérisée par une grande méfiance réciproque. Chaque fois que les discussions entre les deux parties atteignaient une impasse, les aspirations séparatistes des Québécois s'en trouvaient renforcées. Bien que de nombreux Québécois revendiquent l'indépendance pour leur province, les référendums sur la séparation de 1980 et de 1995 ont chaque fois donné raison aux partisans de l'union avec le Canada.

8 Infiniment bleu

Une exploration fort originale sur le symbolisme et la signification sociale de la couleur bleue dans l'histoire de l'humanité *(à droite)*. À mi-chemin entre la science et la fable, cette exposition s'adresse à tous les publics en proposant une expérience très intéressante.

TOP 10 Basilique Sainte-Anne-de-Beaupré

Fondé en 1658, le plus ancien lieu de pèlerinage d'Amérique du Nord fut d'abord un sanctuaire dédié à la sainte patronne du Québec, avant de devenir une basilique en 1887. Le monument actuel, dont la construction fut lancée en 1923 et achevée en 1963, possède des intérieurs richement décorés et de très beaux vitraux. Des centaines de béquilles et de cannes empilées les unes sur les autres sont visibles à côté de l'entrée, témoins silencieux et néanmoins éloquents, de l'efficacité de la prière et des pouvoirs de guérison attribués à sainte Anne de Beaupré. De magnifiques sculptures encadrent le portail de la basilique. D'autres bordent les allées du jardin, qui contient également un chemin de croix.

Vitrail

Le restaurant Lainé se trouve à quelques minutes de marche de la basilique. On y sert une délicieuse cuisine maison, à des prix raisonnables.

Renseignez-vous à l'avance pour connaître les jours de célébration et de fêtes, car la présence d'une foule trop importante peut gâcher la visite de la basilique.

- *10018, av. Royale, Sainte-Anne-de-Beaupré*
- *plan P3*
- *(418) 827 3781*
- *www.ssadb.qc.ca*
- *ouv. t.l.j.*
- *EG*
- *Musée de sainte Anne : ouv. juil.-août : t.l.j., EP*

À ne pas manquer

1. Architecture médiévale
2. Vitraux
3. Processions aux chandelles
4. Bronzes du chemin de croix
5. Chapelle commémorative
6. Saint Augustin
7. Scala Santa
8. Musée de sainte Anne
9. Cyclorama de Jérusalem
10. Atelier Paré

1 Architecture médiévale

Dotée de cinq nefs *(ci-dessous)*, la basilique emprunte aussi bien au gothique qu'au roman les éléments d'un style jusqu'alors totalement inédit au Québec.

2 Vitraux

Les 240 vitraux de la basilique illustrent des épisodes de la vie de sainte Anne. Une immense rosace, représentant sainte Anne, Marie et Jésus, illumine la nef centrale.

3 Processions aux chandelles

Il n'est pas rare d'assister à des processions en l'honneur des saints ou à l'occasion de fêtes religieuses. Celles des 25 et 26 juillet sont dédiées à sainte Anne.

4 Bronzes du chemin de croix

Des statues en bronze grandeur nature *(ci-dessus)*, représentant saints et apôtres, sont visibles sur le chemin de croix situé derrière la basilique.

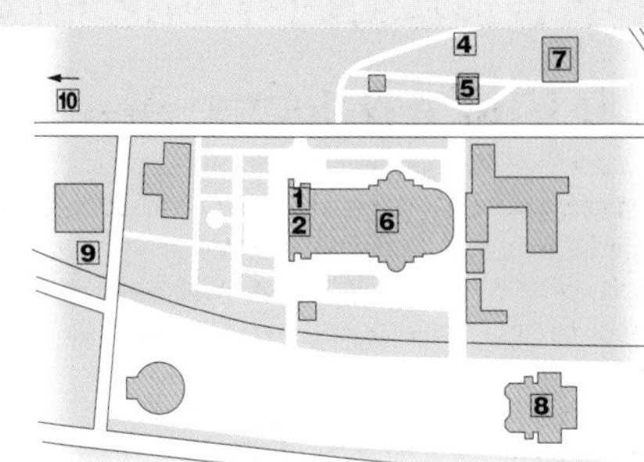

Plan de la basilique Sainte-Anne-de-Beaupré

6 Saint Augustin

Né dans une famille de sculpteurs, Thomas Baillairgé a produit de nombreuses sculptures pour la basilique, dont un saint Augustin remarquable.

7 Scala Santa

L'escalier de cette jolie petite chapelle bâtie en 1891 *(ci-dessus)* évoque celui que gravit le Christ pour se présenter devant Ponce Pilate.

8 Musée de sainte Anne

Un bâtiment de deux étages situé à côté de la basilique contient une exposition consacrée au culte de sainte Anne et à trois siècles de pèlerinage dans ce lieu saint.

5 Chapelle commémorative

Cette chapelle votive *(à droite)*, bâtie en 1878 pour commémorer la première église qui se dressa sur ce site, abrite des documents rares ainsi que des vestiges.

9 Cyclorama de Jérusalem

La plus grande peinture panoramique du monde *(ci-dessus)* fut réalisée à Munich entre 1878 et 1882. Transportée par bateau en panneaux séparés, elle n'a rien perdu de son pouvoir d'évocation.

10 Atelier Paré

Cet atelier de sculpture sur bois mérite le détour, pour découvrir l'artisan au travail sur des pièces destinées à la basilique.

Sainte Anne de Beaupré

Le nom de sainte Anne, la mère de la Vierge Marie, apparaît dans les écrits canoniques dès le IIe siècle. Son culte est attesté au Ve siècle. Elle est la sainte patronne des femmes au foyer, des ébénistes, des mineurs et du Québec. Elle est représentée dans de nombreuses œuvres d'art – à commencer par les célèbres tableaux de Léonard de Vinci. En hébreu, Hannah signifie « la grâce ».

L'atelier Paré se trouve à deux minutes de marche du sanctuaire, sur l'avenue Royale. Son magasin propose des souvenirs très originaux.

TOP 10 L'île d'Orléans

Ce havre de paix accueillit l'une des toutes premières implantations européennes du Nouveau Monde. Il est aujourd'hui considéré comme le berceau de la civilisation française en Amérique du Nord. Depuis l'arrivée de Jacques Cartier en 1535, les six villages qui occupent cette île verdoyante longue de 30 km ont conservé les traditions françaises de ses premiers résidents. L'île compte 600 édifices classés. Les potagers jouissent d'une excellente réputation et on trouve souvent leurs légumes dans les marchés des environs.

Enseigne de l'auberge la Goeliche

L'auberge-restaurant Le Canard Huppé, située à Saint-Laurent (2198 chemin Royal, 1-800-838-2292) propose une cuisine succulente, ainsi que des chambres pour la nuit. L'île compte par ailleurs de nombreux *bed and breakfast*.

Cette île tranquille est propice aux promenades en bicyclette. On peut en louer sur place, suivre les indications du guide de randonnée fourni par le Centre d'interprétation et faire un pique-nique dans un cadre idyllique, au bord de la rivière.

- *Dufferin-Montmorency route 440*
- *plan P3*
- *bureau d'information touristique : 490 côtes du Pont, Saint-Pierre-de-l'île-d'Orléans*
- *(418) 828 9411*
- *www.iledorleans.com*

À ne pas manquer

1. Île de Bacchus
2. Chutes Montmorency
3. Centre d'interprétation
4. Auberge la Goeliche
5. Chocolaterie de l'île d'Orléans
6. Vignoble Sainte-Pétronille
7. Atelier d'Horatio Walker
8. Domaine Steinbach
9. La forge à Pique-Assaut
10. Manoir Maudive-Genest

1 Île de Bacchus

Lorsque Jacques Cartier découvrit de la vigne sauvage sur l'île, il la nomma ainsi en l'honneur du dieu grec du vin, la dédia au duc d'Orléans.

2 Chutes Montmorency

Plus hautes que les chutes du Niagara, elles offrent un spectacle inoubliable depuis le pont qui relie l'île au continent.

3 Centre d'interprétation

On y trouve des cassettes audio et des CD à louer, contenant de nombreuses informations, que l'on peut écouter dans sa voiture tout en faisant le tour de l'île.

4 Auberge la Goeliche

Située dans le charmant village de Sainte-Pétronille, l'auberge est réputée pour son hospitalité à l'ancienne, sa cuisine et son ambiance.

5 Chocolaterie de l'île d'Orléans

Sainte-Pétronille abrite les ateliers du meilleur fabricant de chocolat de la province *(à gauche)*. Celui-ci propose également de délicieuses glaces maison, des bonbons et autres friandises. Une exposition permanente y explique les procédés de fabrication du chocolat.

Plan de l'île d'Orléans

6 Vignoble Sainte-Pétronille

Offrant une vue magnifique sur le Saint-Laurent et les chutes Montmorency, ce vignoble de 20 ha produit d'excellents vins blancs, rouges et rosés *(ci-dessus)*, en dépit d'un climat relativement frais. On retrouvera ses vins dans de nombreux restaurants de Québec.

8 Domaine Steinbach

Situé près du village de Saint-Pierre, le domaine *(ci-dessous)* propose des dégustations de cidres et de vins organiques, et vend également du vinaigre et de la moutarde.

9 La forge à Pique-Assaut

C'est l'occasion idéale de visiter l'atelier d'un forgeron. L'artisan Guy Bel y perpétue les traditions du fer forgé et réalise de la ferronnerie d'art architecturale.

7 Atelier d'Horatio Walker

Le paysagiste canadien Horatio Walker a habité sur l'île. Son studio se trouvait à Sainte-Pétronille et s'ouvrait sur une rue qui a depuis été rebaptisée en son honneur. D'autres paysagistes insulaires, comme Horace Champagne, perpétuent la tradition.

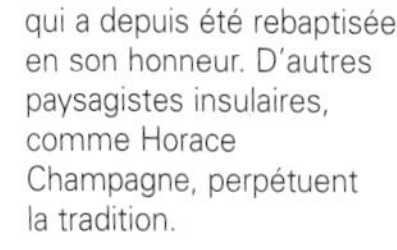

10 Manoir Mauvide-Genest

Ce manoir de 1734 *(ci-dessus)* est l'un des plus anciens édifices de la province et offre un bel exemple d'architecture rurale du XVIIIe siècle. Il abrite aujourd'hui un musée et un restaurant.

Félix Leclerc

Difficile de parler du charme de l'île d'Orléans sans évoquer la personnalité de Félix Leclerc (1914-1988). Passionné d'écriture, Félix Leclerc se retire sur l'île d'Orléans en juin 1946 et y complète le roman *Le Fou de l'île*. Ce chansonnier auteur-compositeur, poète et dramaturge *(p. 38)*, qui incarna si parfaitement la sensibilité québécoise, s'est vu consacrer son propre espace *(682, chemin Royal, St-Pierre • ouvert t.l.j.)*. En plus d'une exposition permanente, l'espace possède un magasin et un café où se produisent régulièrement des musiciens.

Top 10 Les Laurentides

Les Laurentides font partie d'une chaîne de montagnes boisées aux pieds desquelles s'écoulent les rivières Ottawa, Saint-Laurent et Saguenay. Situées à seulement une heure de route de Montréal, elles sont célèbres pour leurs stations de ski. De nombreux vestiges attestent la présence de communautés amérindiennes dés le IIe millénaire avant notre ère. Réputées pour la qualité de la chasse et de la pêche (qui se pratique encore dans ses 6000 lacs et étangs), les Laurentides sont devenues une riche région agricole au XIXe siècle. Traversant plusieurs villages historiques francophones, ses nombreux itinéraires de randonnée en font le lieu idéal pour les promenades.

Skieur à Sainte-Adèle

L'hôtel-restaurant L'Eau à la bouche, qui dispose d'un spa et propose une cuisine d'exception, saura bien vous accueillir à Sainte-Adèle *(p. 87)*.

Le parc national de mont Tremblant loue des chalets en bois, confortables et bon marché, sans réservation (1-877 688 2289).

- *plan N5*
- *maison de Tourisme de Laurentides : 14142, rue de la Chapelle, Mirabel, (450) 436 8532*
- *www.laurentides.com*

À ne pas manquer

1. Saint-Sauveur-des-Monts
2. Mont-Rolland
3. Sainte-Adèle
4. Ville d'Estérel
5. Val-Morin
6. Val-David
7. Sainte-Agathe-des-Monts
8. Saint-Jovite
9. Mont-Tremblant
10. Parc national du mont Tremblant

1 Saint-Sauveur-des-Monts

Le ski de piste y attire les foules tout au long de l'hiver. L'été, les artisans locaux proposent leurs produits dans de jolies petites boutiques *(ci-dessus)*.

2 Mont-Rolland

Les maisons anciennes de ce paisible village étaient autrefois habitées par les ouvriers de la scierie Rolland, le principal employeur du domaine forestier.

3 Sainte-Adèle

Ce terrain de jeux spectaculaire, situé à une courte distance de Montréal, vit arriver les premiers touristes en 1891. Depuis, le succès de Sainte-Adèle ne s'est jamais démenti.

4 Ville d'Estérel

Cette région de collines verdoyantes *(à gauche)* abrite le village de Sainte-Marguerite-du-Lac-Masson où vécut le célèbre peintre Jean-Paul Riopelle. C'est un aristocrate belge qui dans les années 1930 s'intéressa le premier à cette région.

Plan des Laurentides

5 Val-Morin

Situé en bordure de la piste cyclable du « P'tit Train du Nord », ce minuscule village francophone ne manque pas de charme. La piste fait le tour du lac Raymond. La station de ski de Belle-Neige se trouve non loin de là.

9 Mont-Tremblant

Avec ses 900 m d'altitude, c'est le point culminant des Laurentides. C'est également l'une des stations de ski les plus populaires d'Amérique du Nord. D'excellents restaurants et des salles de spectacle contribuent à rendre le séjour agréable.

10 Parc national du mont Tremblant

Le plus grand parc naturel de la province abrite des ours noirs, des cerfs à queue blanche, des loups, des ratons-laveurs et plus de 200 espèces d'oiseaux. On y pratique la randonnée, le canoë, la pêche et le ski de fond.

6 Val-David

Cette bourgade animée abrite de nombreuses galeries d'art et accueille régulièrement des festivals de musique et de poésie.

7 Sainte-Agathe-des-Monts

C'est le plus ancien lieu de villégiature des Laurentides *(ci-dessous)*. Créé il y a plus d'un siècle, on y pratique la pêche, la natation et le ski.

8 Saint-Jovite

Commandant l'accès du Mont-Tremblant, le village de Saint-Jovite *(ci-dessus)* abrite de nombreuses boutiques et des restaurants de cuisine québécoise. Le somptueux monastère des Apôtres de l'Amour Infini est situé à l'est de la ville.

« Jackrabbit » Johannsen

Né en Norvège en 1875, Herman Johannsen, dit Le Lièvre, s'installa avec sa famille dans la région de Montréal en 1828. Ce sont des Indiens qui lui donnèrent ce surnom après l'avoir vu se déplacer furtivement sur la neige. Cet homme remarquable à maints égards vécut jusqu'à l'âge de 111 ans. Les stations de ski des Laurentides lui doivent leur réputation internationale. C'est également lui qui introduisit le ski de fond au Canada.

Gauche **Les Premières Nations** Droite **Jacques Cartier**

TOP 10 Un peu d'histoire

1 Les Premières Nations

Les Iroquois et les tribus nomades des Algonquins se sont établis au Canada plusieurs millénaires avant l'arrivée des premiers Européens. *Kebec* est un terme algonquin qui désigne le lieu « où la rivière devient plus étroite ».

2 Jacques Cartier

Le fait d'avoir été précédé par des pêcheurs basques n'empêcha pas l'explorateur français Jacques Cartier de s'attribuer la découverte du Canada au nom de François 1er en 1534. Il remonta le Saint-Laurent et parvint au village de Hochelaga en 1535, baptisant la montagne contre laquelle il était adossé mont Royal.

3 Samuel de Champlain

L'arrivée de Champlain (1567-1635) dans la région marqua le début de l'implantation française. La position dominante de Québec, perchée sur le cap Diamant, permit à la colonie de prospérer grâce au lucratif commerce des fourrures.

Samuel de Champlain

4 La victoire des Britanniques

Le conflit qui opposait la France à la Grande-Bretagne eut des répercussions jusque dans le Nouveau Monde. En 1759, le général britannique James Wolfe vainquit les forces françaises au terme d'un siège de Québec qui dura 30 minutes. La liberté de culte et le droit de parler français furent reconnus aux habitants de la province dès 1774.

5 La création du Canada

Après que l'Acte constitutionnel de 1791 ait séparé la colonie en deux (Haut et Bas Canada), lord Durham fut envoyé pour tenter de mettre fin aux incessantes luttes d'influence qui opposaient les anglophones aux francophones. L'Acte d'union de 1841 réunit les deux parties de la province sous l'autorité d'un parlement anglophone, marginalisant les francophones. Sept années plus tard, les anglophones furent obligés d'accorder aux francophones la liberté linguistique, afin de désamorcer une situation devenue explosive.
Le 1er juillet 1867, le Québec et l'Ontario se joignirent à la Nouvelle-Écosse et au Nouveau-Brunswick pour former le Dominion du Canada.

6 Les années sombres

Les scandales de corruption de l'Union nationale de Maurice Duplessis, qui occupa le pouvoir de 1936 à 1939, puis de nouveau de 1944 à 1959, avec le soutien moral de l'Église catholique, ont affecté durablement le crédit de cette dernière auprès des Québécois.

7 La Révolution tranquille

La collusion de l'église et de l'État finit par provoquer une profonde hostilité dans la population. La mort de Duplessis coïncida avec la renaissance du parti libéral et une période de débats publics enflammés. La victoire du parti libéral aux élections de 1960 amena de profondes réformes et une période de forte croissance économique.

8 La crise d'Octobre

L'échec des négociations avec le Canada nourrit le sentiment séparatiste jusqu'aux événements tragiques d'octobre 1970, lorsque le Front de Libération du Québec (FLQ) kidnappa deux hommes politiques et assassina l'un d'entre eux.

René Lévesque

9 Parti québécois

Le Parti québécois de René Lévesque, indépendantiste, a gouverné le Québec de 1976 à 1985. Les mesures profrancophones contenues dans la loi 101 causèrent l'alarme dans les rangs de la minorité anglophone.

10 Oui ou non ?

1995 fut au Québec l'année du référendum sur le sujet du séparatisme. Le « non » l'emporta avec 50,5 % des suffrages. La cause séparatiste ne s'est jamais vraiment remise de cette défaite.

Les monuments

1 Place royale

C'est ici, en 1642, que les premiers colons jetèrent les fondations de Montréal *(p. 34)*.

2 Croix du parc du Mont-Royal

Le sieur de Maisonneuve fit ériger une croix après que Ville-Marie eut survécu aux inondations *(p. 8)*.

3 Monument de Maisonneuve

Se dressant sur la place d'Armes, il commémore l'embuscade du sieur de Maisonneuve par les Iroquois. *plan K2.*

4 Monument Nelson

Érigé en 1809 pour célébrer la victoire des Britanniques sur les Français à Trafalgar, il est encore controversé. *Place Jacques-Cartier • plan L3.*

5 Frère André

Cette statue en bronze célèbre le fondateur de l'oratoire Saint-Joseph *(p. 10-11)*. *Bd René-Lévesque Ouest • plan H2.*

6 La Foule Illuminée

Cette sculpture de Raymond Masson se dresse devant la Banque Nationale de Paris. *Rue Sherbrooke Ouest • plan J1.*

7 James McGill

Un monument en l'honneur du fondateur de l'université. *Av. McGill College • plan J1.*

8 Monument George-Étienne Cartier

C'est au pied du plus grand monument de Montréal qu'a lieu le festival Les Tam-tams *(p. 9)*.

9 Monument Wolfe-Montcalm

Il commémore les généraux français et britannique. *Parc des Gouverneurs • plan L5.*

10 Jardins Jeanne d'Arc

Une statue équestre de la pucelle d'Orléans se dresse au milieu du jardin. *plan J6.*

Gauche **Place Jacques-Cartier** Droite **Château Ramezay**

Top 10 Sites historiques

1 Basilique Notre-Dame, Montréal

C'est l'une des plus grandes églises d'Amérique du Nord. Ses tours gothiques dominent la place d'Armes et, à l'intérieur, la nef comporte de magnifiques vitraux, des sculptures en bois, des peintures et d'innombrables dorures *(p. 12-13)*.

2 La Citadelle de Québec

Cette place forte fut conçue par l'ingénieur royal Dubois Berthelet de Beaucours en 1693. Les bastions, en forme d'étoile, sont, pour leur part, l'œuvre du colonel britannique Elias Walker Durnford et furent érigés entre 1820 et 1832 *(p. 22-23)*.

3 Marché Bonsecours, Montréal

Ce magnifique dôme néoclassique abritait autrefois le parlement du Canada. Il accueille aujourd'hui un marché, une galerie d'art, une salle de concerts, une salle de réception et une galerie commerciale. Ce bijou architectural du Vieux-Montréal possède un portique néoclassique et des colonnes en fer forgé réalisées au début du XIXe siècle *(p. 56)*.

4 Place-Royale, Montréal

Inaugurée en 1657, c'est la plus ancienne place de la ville. Elle occupe l'emplacement où se dressaient en 1642 les premières habitations de la ville. On y trouve désormais le musée Pointe-à-Caillère *(p. 18-19)*, un magasin de souvenirs, une zone réservée aux spectacles en plein air, le splendide Royal Insurance Building et la première maison des douanes de Montréal. Louis-Hector de Callière, un gouverneur français, y résida autrefois. *Plan K3.*

5 Place Jacques-Cartier, Montréal

Avec ses magasins, ses clubs, ses restaurants, ses spectacles de rue et les calèches qui la traversent de part en part, la place est le centre de l'animation du Vieux-Montréal. C'est l'endroit idéal où se donner rendez-vous, se reposer un instant, s'asseoir au soleil avec un bon livre ou observer les passants. Une troupe de comédiens, qui a ses quartiers au sud de la place, propose une visite organisée des lieux les plus lugubres de la ville, sous le nom de l'*Old Montreal Ghost Trail (p. 55)*.

Marché Bonsecours

6 Hôtel de ville, Montréal

C'est depuis le balcon de l'hôtel de ville que le général de Gaulle déclara en 1967, pendant l'Exposition universelle de Montréal : « Vive le Québec ! Vive le Québec libre ! », manifestant ainsi son soutien au mouvement séparatiste québécois *(p. 25)*. Une visite guidée vous permettra de découvrir les moindres recoins de ce monument d'époque *(p. 56)*.

7 Château Ramezay, Montréal

Occupant la résidence du XVIIIe siècle d'un ancien gouverneur, cet élégant musée se dresse en face de l'hôtel de ville. Il abrite des collections d'objets amérindiens et coloniaux, ainsi qu'un magasin de souvenirs. La belle terrasse de son café donne sur le jardin du Gouverneur et la place Jacques-Cartier *(p. 56)*.

Horloge victorienne, lieu historique Sir-George-Étienne-Cartier

8 Lieu historique Sir-George-Étienne-Cartier, Montréal

Cette demeure victorienne classée, restaurée par Parks Canada, présente un aspect de la vie de George-Étienne Cartier (1814-1873). Elle abrite également une intéressante exposition interactive. Les mises en scène que contient la maison *(Noël victorien, Confidences d'une servante, Élégance et bonnes manières)* offrent un aperçu de la vie quotidienne de la bourgeoisie du XIXe siècle *(p. 57)*. Les visiteurs peuvent aussi y écouter, en français ou en anglais, un résumé des fondements politiques du Canada moderne.

9 Parc des Champs-de-Bataille, Québec

Le parc commémore la bataille de la plaine d'Abraham au cours de laquelle les deux généraux français et britannique perdirent la vie, au terme d'une mêlée féroce qui dura seulement 30 minutes *(p. 32)*. Aucune armée n'étant jamais parvenue à escalader le cap Diamant, les Britanniques avaient l'avantage de la surprise. Une visite de la maison de la Découverte, au 835, rue Wilfrid-Laurier, permet de comprendre le cours des événements de cette journée historique si riche en conséquences *(p. 89)*.

10 Château Frontenac, Québec

L'hôtel le plus photographié du monde campe une silhouette majestueuse sur la colline de la haute ville. Construit par le magnat des chemins de fers Cornelius Van Horne, cet élégant édifice fut le premier hôtel de l'empire des chemins de fer de la Canadian Pacific *(p. 112)*.

Château Frontenac

Gauche **Parc du Mont-Royal** Droite **Parc des Champs-de-Bataille**

Parcs et cours d'eau

1 Parc du Mont-Royal, Montréal

Le plus grand lieu public de Montréal est également le terrain de jeu favori de ses habitants. Attirant toute l'année les sportifs et les amateurs de farniente, ce parc abrite par ailleurs une faune abondante. En plus de ses vastes espaces boisés, son lac et ses ruisseaux, les promeneurs apprécieront ses chemins de randonnée, ses belvédères, ses pistes cyclables qui, l'hiver, se transforment en parcours de ski de fond, sans oublier son centre d'interprétation et les nombreuses sculptures éparpillées dans le parc *(p. 8-11)*.

2 Parc Maisonneuve, Montréal

Situés dans le Parc olympique *(p. 14-17)*, à l'est de la ville, ces 25 ha de verdure constituent un lieu de loisirs très fréquenté. L'été, on y joue au golf sur un parcours de 9 trous, et, l'hiver, on y fait du patin à glace jour et nuit. *Métro Viau.*

3 Parc Lafontaine, Montréal

Ancien champ de manœuvres militaires, ce parc de 40 ha se veut aujourd'hui le cadre de diverses activités de plein air, tant sportives que culturelles. Il comporte plusieurs terrains de sport, deux étangs, qui accueillent les pédalos en été et les patineurs en hiver, un théâtre de Verdure, où sont présentés divers événements et spectacles, et des monuments érigés en l'honneur de Québécois illustres comme Félix Leclerc. *Plan E2.*

4 Pôle-des-Rapides

S'étendant aux alentours des rapides de Lachine, qui arrêtèrent autrefois la progression des explorateurs et des colons venus de l'Est, cette région comprend aujourd'hui les communautés de Lachine, La Salle et Verdun. À quelques minutes de route du centre-ville de Montréal, elle possède une des pistes cyclables les plus populaires du Canada, 100 km de sentiers et un musée national du Commerce des fourrures. *Plan P6.*

Feux d'artifice au parc Jean-Drapeau

5 Parc Jean-Drapeau, Montréal

Le parc Jean-Drapeau s'étend sur l'île Sainte-Hélène et l'île Notre-Dame. Il abrite un grand parc d'attractions et accueille tout au long de l'année des festivals et des feux d'artifice. *Plan F5.*

Place du Canada

6 Square Dorchester et place du Canada, Montréal

De 1798 à 1854, le square Dorchester accueillit le cimetière catholique de la ville. Entouré d'églises et de maisons élégantes, il abrite aujourd'hui de nombreux monuments, parmi lesquels se trouve une statue du premier ministre canadien francophone sir Wilfrid Laurier. Le square est le point de départ de nombreuses visites guidées de la ville. Le Sun Life Building fut longtemps le plus grand monument du Commonwealth britannique. La place du Canada est dédiée à la mémoire des victimes canadiennes des deux guerres mondiales. ✎ *Plan H2.*

7 Parc des Champs-de-Bataille, Québec

C'est le parc le plus grand et le plus pittoresque de la ville. Avec ses 100 ha de collines qui dominent le Saint-Laurent, il fut autrefois le théâtre d'une sanglante bataille. C'est en effet à cet endroit précis qu'eut lieu, en 1759, la célèbre bataille des plaines d'Abraham, qui avec la défaite des Français entraîna la formation du Canada britannique *(p. 89)*.

8 Parc Cavalier du Moulin, Québec

Situé à l'extrémité ouest de la rue Mont-Carmel, ce parc attire les poètes, les flâneurs, les amoureux et les touristes venus profiter de son cadre enchanteur et de sa vue sur l'avenue Sainte-Geneviève, la Chalmers-Wesley United Church, l'Hôtel du parlement, la Citadelle et les belles façades de la rue Saint-Louis. ✎ *Plan L5.*

9 Parc de la Francophonie, Québec

Créé au cœur de l'ancien quartier Saint-Louis pour commémorer la réunion des 50 pays francophones, ce parc paisible, orné d'étangs et de fontaines, contraste avec l'animation du parlement voisin. ✎ *Plan K6.*

Parc de la Francophonie

10 Parc Montmorency, Québec

Perchés sur les hauteurs, les statues en bronze d'Alfred Laliberté représentant des Canadiens illustres semblent absorbés dans la contemplation du Saint-Laurent et du séminaire de Québec qui s'étendent à leurs pieds. On y reconnaîtra celle de sir George-Étienne Cartier, un des pères de la confédération. ✎ *Plan M5.*

Gauche **Mordecai Richler** Droite **Céline Dion et René Angelil**

TOP 10 Figures de la culture québécoise

1 Gabrielle Roy

Gabrielle Roy (1909-1983) est la petite dernière d'une famille de 11 enfants. Née dans le Manitoba, mais d'une mère française, elle s'installa au Québec en 1939, où elle devint une romancière francophone prolifique et respectée. Son premier roman, *Bonheur d'occasion*, publié en 1945, lui valut le prix Femina ainsi que son premier prix du Gouverneur général (il lui fut décerné trois fois au cours de sa carrière).

2 Émile Nelligan

L'univers romantique de Negillan (1879-1941) a fait entrer la poésie québécoise francophone dans une nouvelle ère. Élevé par ses compatriotes au rang de porte-parole littéraire du Québec, il entra à l'École littéraire de Montréal en 1897, où sa déclamation publique de *La Romance du Vin* lui valut un triomphe. Avec l'âge, sa santé mentale se détériora à un tel point qu'il dut finir ses jours dans un asile.

Émile Nelligan

3 Mary Travers

Mary Travers (1894-1941) est née dans une famille modeste de la péninsule de Gaspé. Dans sa jeunesse, elle animait les soirées familiales en jouant du violon et des *spoons* (un instrument de percussion formé d'une paire de cuillères). Surnommée La Bolduc, elle devint célèbre pendant la Grande Dépression. Depuis quelques temps une nouvelle génération de Québecois redécouvre l'œuvre de la première grande chansonnière auteur-interprète populaire.

4 Paul-Émile Borduas

Le peintre Borduas (1905-1960) est non seulement l'un des artistes les plus célèbres du Québec, il en fut également un des activistes politiques les plus acharnés. Il devint célèbre en 1948 en publiant sous le pseudonyme de Refus Global une critique cinglante de l'*establishment*. Il fut l'un des membres fondateurs du groupe des Automatistes, auquel se rallia par la suite Jean-Paul Riopelle.

5 Félix Leclerc

Leclerc (1914-1988) fut tour à tour animateur radio, acteur et comédien, mais on se souvient surtout du formidable conteur et chansonnier qui écrivit plusieurs chansons inoubliables sur la solitude, l'amour et la beauté mélancolique des paysages canadiens. Des monuments ont été érigés en son honneur sur l'île d'Orléans et dans le parc Lafontaine, à Montréal *(p. 36)*.

Oscar Peterson

6 Oscar Peterson

Après avoir gagné à 14 ans un concours de talents amateurs dans sa ville natale de Montréal, Peterson (né en 1925) décida de quitter l'école pour dédier sa vie à la musique, ce que son père l'autorisa à faire à condition qu'il devienne le meilleur pianiste de jazz du monde. Son succès lui a donné raison : cinq décennies d'enregistrements plus tard, sa virtuosité en a fait un monument vivant du jazz.

7 Mordecai Richler

Le romancier, essayiste et critique Richler (1931-2001), originaire de Montréal, était connu pour son humour sarcastique et sa critique féroce des séparatistes québécois. Son livre le plus célèbre, *L'Apprentissage de Duddy Kravitz* (1959) fut adapté au cinéma avec succès, lançant accessoirement la carrière de Richard Dreyfuss. Cet observateur infatigable de la condition humaine publia également *Le Chevalier de Saint-Urbain* (1971) et *La Version de Barney* (1988), ainsi que de nombreux essais humoristiques.

8 Robert Lepage

Premier Canadien à mettre en scène une pièce de William Shakespeare au National Theater de Londres, Lepage (né en 1956) est l'un des auteurs-metteurs en scène les plus audacieux de sa génération. Ses brillantes mises en scène théâtrales lui ont valu de remporter de nombreux prix.

9 Cirque du Soleil

Cette troupe de cirque a commencé sa carrière en montant des spectacles de rue à La Malbaie, à l'est de Québec. Grâce au mélange très original de musique du monde, d'acrobaties et de costumes flamboyants, le cirque a fini par subjuguer le monde entier. Il existe aujourd'hui des spectacles permanents à Las Vegas, en Floride ainsi que plusieurs autres circulant à travers le monde.

Jongleur du Cirque du Soleil

10 Céline Dion

Née à Charlemagne en 1968, dans une famille de 14 enfants, elle doit son premier contrat à une cassette enregistrée à l'âge de 12 ans. Son agent René Angelil est par la suite devenu son mari. Son succès lui vaut d'être aujourd'hui reconnue comme l'une des plus grandes chanteuses du monde.

Pour en savoir plus sur le programme du Cirque du Soleil, visitez leur site internet : www.cirquedusoleil.com

Gauche **Place des Arts** droite **Théâtre Petit Champlain**

Top 10 Salles de spectacle

Théâtre de Quat'Sous

1 Théâtre de Quat'Sous, Montréal

Cette troupe francophone a servi de tremplin à de nombreux jeunes acteurs, écrivains et metteurs en scène, tout en se constituant un public fidèle, féru de nouveauté. *100, av. des Pins Est • plan D3 • (514) 845 7277 • www.quatsous.com*

2 Théâtre d'Aujourd'hui, Montréal

Créée en 1968, cette compagnie francophone se consacre à l'écriture, la mise en scène et la production de pièces québécoises, sous la houlette de René-Richard Cyr, son directeur artistique talentueux et passionné. *3888, rue Saint-Denis • plan E2 • (514) 282 3900.*

3 Théâtre du Nouveau Monde, Montréal

Fondée en 1951, cette compagnie a joué un rôle central dans le développement du théâtre québécois moderne. Elle est aujourd'hui une véritable institution. *84, rue Sainte-Catherine Ouest • plan K1 • (514) 878 7873.*

Théâtre du Nouveau Monde

4 Place des Arts, Montréal

Au cœur de Montréal, cinq salles modernes et une scène à ciel ouvert accueillent des spectacles toute l'année. L'Orchestre symphonique de Montréal, l'Opéra de Montréal et les Grands ballets canadiens de Montréal y ont élu domicile. Chaque année, le Festival international de jazz de Montréal, les Francofolies et le Festival Montréal en lumière investissent la place *(p. 42-43)*. *Plan K1 • (514) 842 2112 • www.pdarts.com*

5 Centaur Theatre, Montréal

Le principal théâtre anglophone de Montréal a ouvert ses portes en 1969. Installé dans l'ancienne bourse de la ville, disposant de deux salles, il a acquis une réputation internationale. Au programme : des comédies musicales, les œuvres de dramaturges canadiens contemporains ainsi que des pièces du répertoire international, classique et contemporain. *453, rue Saint-François-Xavier • plan K3 • (514) 288 3161 • www.centaurtheatre.com*

6 Théâtre du Rideau Vert, Montréal

Fondé en 1949, ce théâtre francophone reconnu pour la qualité de ses spectacles produit depuis plus d'un demi-siècle des pièces classiques et modernes d'auteurs québécois et étrangers. *4664, rue Saint-Denis • plan E2 • (514) 844 1793 • www.rideauvert.qc.ca*

7 Théâtre du Petit Champlain et Maison de la Chanson, Québec

Situé au cœur de l'animation de la rue Petit Champlain, dans un bel immeuble où se mêlent avec bonheur l'ancien et le moderne, c'est un des théâtres les plus dynamiques du pays. Des débutants prometteurs y partagent l'affiche avec des artistes reconnus. *68-78, rue du Petit-Champlain • plan M5 • (514) 692 2631 • www.theatrepetitchamplain.com*

8 Le Capitole de Québec et le Cabaret du Capitole, Québec

Le Capitole témoigne de la volonté des habitants de la ville de Québec de préserver leurs monuments historiques. Bâti en 1903 et rénové dès les années 1920 par l'architecte new-yorkais Thomas W. Lamb, il fut de nouveau réaménagé dans les années 1980 pour accueillir des spectacles de cabaret, des pièces de théâtre et diverses manifestations culturelles. On y trouve également un restaurant italien, un bar et un hôtel de luxe. *972, rue Saint-Jean • plan K5 • (418) 694 4444 • www.lecapitole.com*

9 Grand théâtre de Québec, Québec

Conçu par l'architecte-urbaniste canadien Victor Prus, cet édifice original a ouvert ses portes en

Capitole de Québec

1971. À l'entrée de la salle Louis-Fréchette et à l'auditorium Octave-Crémazie, se trouve une très belle fresque du Québécois Jordi-Bonet. Le Théâtre Trident, l'Opéra de Québec et le Club musical de Québec y ont élu domicile. L'Orchestre symphonique de Québec s'y produit régulièrement, ainsi que de nombreuses stars de la pop internationale. *269, bd René-Lévesque Est • plan H6 • (418) 643 8131 • www.grandtheatre.qc.ca*

10 Théâtre de la Bordée, Québec

Après avoir monté une centaine de pièces dans la précarité, la troupe francophone du Théâtre de la Bordée s'est installée dans la salle de cinéma rénovée du Pigalle, dans le quartier Saint-Roch. Sous la direction artistique de Jacques Leblanc, le théâtre accueille régulièrement des grands metteurs en scène comme Robert Lepage *(p. 39)*. *143, rue Saint-Jean • plan K5 • (418) 694 9631 • www.bordee.qc.ca*

Gauche **Grand Prix du Canada** Droite **Festival international de Jazz de Montréal**

Festivals et événements

1 Grand Prix du Canada

Le Grand Prix de Formule 1 est l'événement annuel le plus important de Montréal. Il se déroule sur le circuit Gilles-Villeneuve, nommé en l'honneur du grand pilote de course canadien. Une controverse sur le parrainage de l'événement par des marques de cigarettes a mis la pérennité du Grand Prix en question.
www.grandprix.ca

2 Festival international de Jazz de Montréal

Le plus grand festival de jazz du monde se déroule tous les ans en plein cœur de Montréal. Plusieurs millions de spectateurs se réunissent pour assister aux concerts de musiciens de classe internationale qui se produisent sur la place des Arts, dans les clubs et les restaurants des environs ainsi que dans les parcs de la ville. Le festival présente chaque année environ 500 concerts.
Fin juin-juil. www.montrealjazzfest.com

3 Mondial SAQ – Les Feux d'artifice de Montréal

Entre la fin juin et la fin juillet, le ciel du Vieux-Montréal s'illumine deux fois par semaine de gerbes de feu d'artifices multicolores. Des artificiers venus du monde entier se réunissent au parc d'attractions de La Ronde *(p. 47)* pour y déployer leur talent. *Mer. et sam. 22h • www.lemondialsaq.com*

4 Festival Juste pour rire

Plus d'un million et demi de spectateurs se déplacent chaque année pour assister à ce festival de comédie de Montréal. Six cent artistes viennent y présenter des spectacles de rue dans le Quartier latin, participer aux séries Club, qui tournent à guichet fermé, et se produire dans les soirées de gala du Loto-Québec. *www.hahaha.com*

5 Les FrancoFolies de Montréal

Ce festival de musique francophone attire chaque année plus de 500 000 spectateurs venus assister aux concerts de hip-hop, de rap, de musique créole et de chanson française qui composent son programme éclectique. *Début juin • www.francofolies.com*

Festival Montréal en lumière

Si vous voulez assister à un festival, particulièrement le festival de Jazz, il est prudent de réserver votre hôtel longtemps à l'avance.

Festival d'Été

600 spectacles montés par des artistes, des comédiens, des danseurs et des musiciens locaux. Il n'est pas seulement question d'histoire pendant cette féerie en costume d'époque, pleine de musique et de danses traditionnelles, on y organise également des jeux, des compétitions et des dégustations de spécialités régionales.

www.nouvellefrance.qc.ca

6 Montréal en lumière

Chaque hiver, au mois de février, le moral des habitants de Montréal se voit administrer un sérieux remontant avec ce festival de deux semaines. Sons et lumières, concerts, illuminations, théâtre, danse, soirées de dégustation de cuisine traditionnelle et feux d'artifice quotidiens : toute la ville est en fête.

www.montrealhighlights.com

7 Festival d'Été de Québec

Chaque été, au mois de juillet, Québec se transforme en une gigantesque salle de concert en plein air pour accueillir des musiciens du monde entier. Mille artistes, 500 spectacles répartis sur 15 scènes principales : c'est le plus grand festival d'été de la province.

www.infofestival.com

8 Fêtes de la Nouvelle-France

Ces fêtes offrent pendant cinq jours un voyage dans le temps à l'échelle d'une ville. Pour commémorer l'arrivée des Français au XVIIe siècle *(p. 32)*, la place Royale et la basse ville de Québec accueillent plus de

9 Festival international des arts traditionnels de Québec

Ce festival (le FIAT) culturel se tient chaque automne à la Chapelle du musée de l'Amérique française, à Vieux-Québec *(p. 24)*. Des joutes chantées opposent des musiciens dans des tournois d'improvisation, agrémentés de concerts et de danses. Le souper chanté est animé par des musiciens du Guatemala, du Japon, de Grèce, de Martinique et du Sénégal.

10 Tournoi international de Hockey Pee-Wee du Québec

Chaque année, en février, le plus grand tournoi de hockey junior du monde réunit 100 équipes en provenance d'une douzaine de pays, venues s'affronter dans l'arène du Colisée. Près d'un millier de joueurs sont déjà devenus professionnels après avoir participé à ce tournoi, parmi lesquels Wayne Gretzky. L'édifice rappelle aux amateurs de hockey sur glace les premiers exploits d'une ancienne étoile, Jean Béliveau.

Pour en savoir plus sur le Carnaval de Québec **p. 44-45**

Gauche **Hôtel de Glace** Droite **Compétition internationale de sculptures de glace**

TOP 10 Carnaval de Québec

1 Palais de glace

Chaque hiver, au mois de février, lorsque commence la construction du fabuleux Palais de glace, l'excitation des habitants de Québec est presque palpable. Une armée d'artisans est recrutée pour tailler les quelque 6000 blocs de glace nécessaires à l'édification de ce palais féerique, auquel ne manquent ni tourelles, ni pont-levis, ni esplanade consacrée aux spectacles de sons et lumières. Cet hommage éphémère à l'hiver se dresse en face du parlement.

2 Bonhomme Carnaval

La mascotte du festival d'hiver de Québec est un bonhomme de neige géant appelé « Bonhomme Carnaval ». Depuis 50 ans, il arpente les allées des événements, coiffé d'un bonnet de laine rouge, sa large ceinture autour du ventre, en encourageant les enfants à braver le froid et à le suivre dans ses pérégrinations.

Bonhomme Carnaval

3 Place de la Famille

Se dressant au milieu des vastes plaines d'Abraham, la construction des fantaisies de glace du Carnaval d'hiver de Québec mobilise chaque année 1500 volontaires. Les nombreux terrains de jeux qu'abritent ces constructions éphémères donnent aux visiteurs l'occasion de se réchauffer en participant à de nombreuses joutes sportives.

Palais de glace

4 Compétition internationale de sculpture sur glace

C'est l'événement le plus prestigieux et le plus attendu du carnaval. Des concurrents venus des quatre coins du monde dégrossissent les blocs de glace avec des tronçonneuses pour les sculpter ensuite à l'aide de ciseaux, comme si c'était de la

Le Carnaval de Québec se déroule tous les mois de février pendant deux semaines.

pierre. Le résultat est parfois stupéfiant. Certains des concurrents voient la neige pour la première fois de leur vie, ce qui donne une tournure comique à l'événement.

5 Tournois de ski

À seulement 20 minutes de route de la ville de Québec, des compétitions de ski de piste et de ski nordique sont organisées à Jacques-Cartier, près du lac Beauport, pendant toute la durée du festival.

6 Bains de neige de Saint-Hubert

Des baigneurs téméraires se retrouvent chaque année en plein cœur de l'hiver sur les plaines d'Abraham pour des concours d'endurance et de résistance au froid. Il suffit de se représenter des vénérables septuagénaires se roulant dans la neige en maillot de bain pour comprendre ce que l'événement a d'incongru.

7 Hôtel de Glace

Unique en son genre en Amérique du Nord, le second Hôtel de Glace du monde *(p. 101)* semble avoir été inventé spécialement pour le carnaval d'hiver de Québec. Situé dans la station écotouristique Duchesnay, à 30 minutes de la ville, l'Hôtel de Glace est une pure merveille architecturale. On peut visiter ses chambres à thèmes, son bar à Vodka Absolut, sa chapelle matrimoniale et sa collection de sculptures de glace.

www.icehotel-canada.com

8 Parade

Chaque soir, pendant toute la durée du festival, deux défilés signalent la fin de la journée. Le défilé « petit, mais bruyant », pour tous les âges, et « la petite fanfare du Bonhomme », destinée aux enfants, qui en faisant le tour de la place de la Famille met fin aux festivités du jour.

Glissades de la terrasse Dufferin

9 Boissons du carnaval

Depuis l'époque des premiers colons français, le Québec fête chaque année le mardi gras dans une débauche de boisson, de nourriture et de chanson, avant d'entamer le carême. Soyez prévenus : les Québécois essaieront de vous faire goûter au caribou, une boisson chaude traditionnelle à base de différents alcools forts (cognac, vodka, sherry, porto selon les recettes) et de vin rouge ! C'est aussi terrible que ça en a l'air...

10 Glissades de la terrasse Dufferin

Le magnifique panorama qui se déploie au pied du château Frontenac *(p. 93)* forme la toile de fond de l'un des toboggans les plus spectaculaires du monde. Ceux qui aiment regarder les autres s'amuser devront faire un effort pour surmonter leurs réticences et emprunter ce toboggan qui semble finir dans le Saint-Laurent. Une expérience inoubliable.

Pour plus d'informations sur le programme du prochain carnaval, consultez www.carnaval.qc.ca

Gauche **Insectarium** Droite **Biodôme**

TOP 10 Avec les enfants

1 Insectarium, Montréal

Cette collection extraordinaire n'a pas son égale en Amérique du Nord. C'est l'œuvre de l'infatigable Georges Brossard, qui a parcouru le monde entier à la recherche d'insectes de toutes les tailles et de toutes les couleurs afin que ce musée puisse voir le jour en 1990. Bien que la majorité de ses locataires soient morts, le musée possède également quelques spécimens bien vivants, comme les fameuses tarentules que l'on voit évoluer derrière des vitrines *(p. 15)*.
4581, rue Sherbrooke Est • métro Pie-IX • (514) 872 1400 • ouv. t.l.j. 9h-16h • EP • www2.ville.montreal.qc.ca/insectarium

2 Biodôme, Montréal

Il est très rare d'apercevoir des oiseaux d'origines si diverses

Parc d'attractions La Ronde Six Flags

Statue à l'entrée du Planétarium

cohabiter sous un même toit. En recréant les conditions climatiques de divers écosystèmes, le Biodôme est parvenu à faire coexister des oiseaux de l'Arctique, de l'Antarctique, des tropiques, des Laurentides et du Saint-Laurent *(p. 14)*. *4777, av. Pierre-de-Coubertin • métro Pie-IX • (514) 868 3000 • ouv. t.l.j. 9h-16h • EP • www2.ville.montreal.qc.ca/biodome*

3 Planétarium, Montréal

Une fois sous la voûte étoilée du Star Theater, il est facile de s'imaginer voyageant dans l'espace et dans le temps, une façon de mieux comprendre l'univers qui nous entoure.
1000, rue Saint-Jacques Ouest • métro Pie-IX • (514) 872 4530 • horaires variables • EP • www.planetarium.montreal.qc.ca

4 Parc d'attractions La Ronde Six Flags, Montréal

Le plus grand parc d'attractions du Québec a ouvert ses portes en 1967, pendant l'Exposition universelle. Devenue propriétaire en 2001, la société Six Flags s'est engagée à créer chaque année de nouvelles attractions. Pour les amateurs de sensations fortes, Vertigo propose des loopings à 18 m du sol. Il y a aussi des manèges pour les enfants. *22, chemin MacDonald, île Sainte-Hélène • plan F4 • (514) 397 2000 • ouv. t.l.j. juil.-août • EP • www.laronde.com*

5 Laser Quest, Montréal

Ce jeu consiste à trouver son chemin dans un labyrinthe de tunnels et de passages obscurs, équipé d'une arme laser, tout en « abattant » le plus grand nombre d'ennemis possibles, le tout sur fond de musique tonitruante et dans une atmosphère de surexcitation permanente. *1226, rue Sainte-Catherine Ouest • plan G1 • (514) 393 3000 • ouv. mar.-jeu. 18h-22h, ven. 16h-minuit, sam. 12h-minuit, dim. 13h-minuit • EP.*

Centre des Sciences

6 Centre des Sciences de Montréal

Rendre la science plus accessible : c'est l'ambition déclarée de ce musée, connu localement sous le nom de iSci. Une exposition interactive montre la façon dont la science influence notre vie quotidienne. Une autre illustre les grandes étapes de l'exploration sous-marine des océans. Un terrain de jeu a été aménagé pour les enfants à l'intérieur du centre *(p. 58)*. *www.centredesscciencesdemontreal.com*

7 L'Illusion, Montréal

Parallèlement aux spectacles de marionnettes, ce théâtre invite les enfants à découvrir les procédés de fabrication des marionnettes et à apprendre leur maniement. *783, rue de Bienville • plan E1 • (514) 278 9188 • ouv. mar.-dim. 10h-18h • EP • www.theatredeloeil.com*

8 CinéRobothèque, Montréal

Choisissez un film dans le vaste catalogue de l'Office national du Film. Observez le robot qui part aussitôt vous le chercher et visionnez-le dans une cabine individuelle. *1564, rue Saint-Denis • plan L1 • (514) 496 6887.*

9 Labyrinthe du hangar 16, Montréal

Installé dans un ancien hangar du port de Montréal, ce labyrinthe semé d'obstacles, de puzzles et de surprises a été conçu spécialement pour les enfants, même si exceptionnellement, leurs familles ont le droit de les aider à répondre aux devinettes. *Quai de l'Horloge • plan M3 • (514) 499 0099 • ouv. t.l.j • EP.*

10 Cosmodôme, Laval

Dans cette exploration de l'univers, des maquettes à grande échelle expliquent la composition des planètes. Une exposition consacrée aux fusées illustre les principes du voyage spatial. *2150, autoroute des Laurentides, Laval • (450) 978 3600 • ouv. mar.-jeu. 10h-18h, juil.-août : t.l.j. • EP • www.cosmodome.org*

Gauche **Rafting en eaux vives** Droite **Cyclistes sur la piste du « P'tit Train du Nord »**

TOP 10 Activités en plein air

1 Bateau, canoë et raft

La navigation fait partie des loisirs traditionnels de Montréal. Yachts et bateaux à voile contribuent depuis longtemps à l'animation colorée du Vieux-Port. « Saute-Moutons » propose des excursions sur les rapides de Lachine en canot motorisé. L'embarquement se fait quai de l'Horloge. Le canal Lachine peut être parcouru en canoë.

Excursions en jetboat : 47, rue de la Commune Ouest • (415) 284 9607 • www.jetboatingmontreal.com

2 Ski de piste

Il existe des centaines de pistes de ski dans les Laurentides, les Adirondacks, les Montagnes blanches et vertes, à quelques heures seulement de la ville. Les habitants de Montréal fréquentent aussi les stations du mont Orford, dans les cantons de l'Est, et celles de Québec, du Massif et du Mont Sainte-Anne *(p. 100)*.

3 Ski de fond

Nombreuses sont les légendes qui entourent le ski de fond au Québec, à commencer par celles qu'inspira la personnalité de Herman Johannsen dit Le Lièvre *(p. 31)*. À Montréal, on peut faire du ski de fond dans les parcs – le grand favori étant sans doute le parc du cap Saint-Jacques, avec ses 370 ha de paysages enneigés.

4 Piste du « P'tit Train du Nord »

200 km de cette ancienne voie ferrée ont été transformés en piste de randonnée, de bicyclette et de ski de fond. Le « P'tit Train » faisait autrefois l'aller-retour entre Montréal et le mont Laurier, dans les Laurentides. *Plan N5.*

5 Natation

Il y a plus de 300 piscines couvertes à Montréal, sans oublier celles du Parc olympique *(p. 14-15)*. L'été, les habitants de la ville aiment se retrouver sur la plage de l'île Notre-Dame au sud du Vieux-Port.

6 Patins et raquettes

Les nombreux lacs qu'abritent les deux villes attirent les passionnés de patinage tout l'hiver. Des patinoires couvertes les accueillent en été.
Les amateurs de promenades en raquette leur préfèrent les grands espaces, comme le parc du Mont-Royal à Montréal.

Patinage devant le château Frontenac, Québec

Escalades sur glace

7 Escalade et alpinisme

Les sports de montagne ont le vent en poupe au Québec. Ce ne sont pas les reliefs qui manquent dans les environs de Montréal et de Québec. Les montagnes de la province sont placées sous l'autorité de la Sépaq (Société des établissements de plein air du Québec). *Sépaq : 1-800 665 6527 • www.sepaq.com*

8 Traîneau de chiens

En hiver, les excursions en traîneau de chien sont une belle opportunité pour partir à la découverte des paysages canadiens, entraîné par une meute de huskies. Pour toute information, contacter la Sépaq. *1-800 665 6527 • www.sepaq.com*

9 Randonnées à cheval

L'ouest de Montréal est le pays des chevaux. Une journée suffit pour faire une randonnée dans les collines de l'Hudson et de Rigaud *(p. 81)*, et rentrer en ville le soir même. *Le Ranch du Double J propose de nombreux itinéraires de randonnée : (450) 455 7075.*

10 Pêche et chasse

La profusion de gibier au Québec est faite pour plaire aux chasseurs. Les pêcheurs ne sont pas en reste : on y trouve certaines des meilleures rivières de pêche au saumon du monde. *Sorties de pêche et de chasse : (418) 877 5191 • www.fpq.com*

Sports spectacles

1 Le club de hockey Les Canadiens de Montréal

Suivie par 800 000 passionnés, cette équipe sportive est l'une des plus populaires du pays.

2 Challenge Volley-ball de Repentigny

Le plus important tournoi de volley-ball de plage au Canada.

3 Grand Prix de Formule 1

Les meilleurs pilotes du monde se retrouvent tous les ans au mois de juin sur le circuit Gilles-Villeneuve de l'île Notre-Dame *(p. 42)*.

4 Hippodrome Blue Bonnets

Les meilleurs attelages de course du pays s'y donnent rendez-vous toute l'année.

5 Tour de l'île de Montréal

La ville tout entière participe à cette randonnée de bicyclette de 65 km.

6 Alouettes de Montréal

Ayant remporté la coupe Grey en 2002, cette équipe de football canadien se produit régulièrement au stade Percival Molson de l'université McGill.

7 Impact de Montréal

C'est la principale équipe de football de la ville.

8 Internationaux de tennis de Montréal

Le tournoi a lieu tous les ans.

9 Festival des films du monde

Se déroulant fin août, ce festival permet de voir les meilleurs films étrangers.

10 Marathon de Montréal

Chaque année en septembre les coureurs envahissent la ville par centaines.

Gauche **Chez Maurice** Droite **Montréal de nuit**

TOP 10 Boîtes de nuit et casinos

1 Casino de Montréal

Installé sur l'île Notre-Dame, bénéficiant d'une vue magnifique sur le Vieux-Port et les tours scintillantes du centre-ville, c'est certainement le plus flamboyant casino du Canada. Parmi ses nombreuses attractions, on trouve plusieurs restaurants et des salles de spectacle. Interdit aux moins de 18 ans. *1, av. du Casino, île Notre-Dame • plan E6 • ouv. t.l.j. • EG • www.casino-de-montreal.com*

2 Altitude 737, Montréal

Un bar, un restaurant et une boîte de nuit répartis sur trois étages, une vue exceptionnelle sur le mont Royal et la vallée du Saint-Laurent : la recette est simple et efficace. En été, la discothèque s'ouvre sur une vaste terrasse. Il est recommandé de réserver à l'avance. *1, place Ville-Marie, 42e étage • plan J2 • (514) 397 0737 • www.altitude737.com*

3 Le Belmont, Montréal

Le Belmont remporte un franc succès auprès des étudiants du plateau et des hommes d'affaires du centre-ville, venus s'oublier sur sa piste de danse, la chasse gardée des DJ locaux. Dans une autre partie de l'établissement, des murs en briques, des tables de billard et des bières pression créent une atmosphère de pub américain. *4483, bd Saint-Laurent • plan D2 • (514) 845 8443.*

4 Au Diable Vert, Montréal

C'est l'endroit idéal où boire, danser et faire la fête avec les étudiants du plateau de Montréal. Les meilleurs DJ de la ville s'y produisent chaque week-end. En semaine, l'atmosphère est généralement plus détendue. La bière y est excellente et la clientèle sympathique. *4557, rue Saint-Denis • plan E1 • (514) 849 5888 • www.audiablevert.net*

Casino de Montréal

5 Upstairs Jazz Club, Montréal

C'est le meilleur club de jazz de Montréal. En accueillant régulièrement des musiciens internationaux et locaux de haut niveau et en soignant les moindres détails, les propriétaires d'Upstairs ont fait de leur club une référence internationale. La cuisine est délicieuse, ce qui ne gâche rien. ✆ *1254, rue MacKay • plan G1 • EP • (514) 931 6808 • www.upstairsjazz.com*

6 Club Montréal Dôme, Montréal

En plein centre-ville, la discothèque la plus prestigieuse de Montréal reçoit régulièrement la visite des stars du hip-hop et des meilleurs DJ du moment. Ici, le volume est roi. Mieux vaut arriver bien après minuit, lorsque l'ambiance atteint son paroxysme, dans cette boîte qui ne ferme qu'à l'aube. Interdit aux moins de 18 ans. ✆ *32, rue Sainte-Catherine Ouest • plan K1 • EP • www.clubdome.com*

7 Chez Maurice, Québec

Récemment rénovée, cette immense boîte de nuit attire tous les fêtards de Québec. La moyenne d'âge sur la piste de danse est de 20-35 ans. Le bar Chez Charlotte est situé à l'étage supérieur. Il possède une magnifique terrasse qui peut accueillir jusqu'à 500 personnes. Le menu du Voodoo Grill mérite un coup d'œil. Interdit aux moins de 18 ans *(p. 97)*.

8 Frankie's Cabaret Club, Québec

Ce club à la mode est l'endroit idéal où se donner rendez-vous avec des amis pour boire un

Upstairs Jazz Club

verre. Très populaire, particulièrement les vendredis et samedis soirs, il organise régulièrement des soirées de musique *live*. Le prix de l'entrée varie en fonction du spectacle *(p. 97)*. ✆ *(418) 692 2263.*

9 Les Folies de Paris, Québec

Plutôt Las Vegas que Montparnasse, on y assiste à des spectacles de cabaret tout en dégustant des petits plats français dans un cadre agréable. Interdit aux moins de 18 ans. ✆ *252, rue Saint-Joseph Est • plan H4 • EP • www.limperialdequebec.com*

10 Casino de Charlevoix

A 1 h 30 de route de Québec, en suivant la rive du Saint-Laurent, le manoir Richelieu, propriété du groupe Fairmont, se dresse majestueusement au milieu des paysages austères de la région de Charlevoix. L'hôtel accueille régulièrement des présidents américains, des grands producteurs de cinéma et des touristes venus de tous les horizons. Le casino a ouvert ses portes en 1994. Il contient 780 machines à sous et 21 tables de jeu. ✆ *181, rue Richelieu, La Malbaie, Charlevoix • plan Q2.*

VISITER MONTRÉAL ET QUÉBEC

Gauche **Séminaire Saint-Sulpice** Droite **Place Jacques-Cartier**

Vieux-Montréal et Vieux-Port

Fondé en 1642, ce quartier plein de charme est le point de départ idéal d'une visite de Montréal. Ses églises anciennes, ses rues pavées qui résonnent au passage des calèches et l'animation colorée des quais du Vieux-Port se conjuguent pour créer une ambiance inoubliable. Le Vieux-Montréal est un concentré de romantisme, de culture et de joie de vivre. Les allées et venues des cargos et des paquebots dans le Vieux-Port nous rappellent que Montréal commande l'entrée des Grands Lacs. C'est dans le quartier historique de la métropole, mélange de high-tech et de vestiges du passé, que se trouvent certains des meilleurs restaurants de la ville. Prévoyez quelques jours pour visiter les boutiques des artisans du quartier, ses musées, ses bistros et pour savourer pleinement l'hospitalité locale, ce mélange inimitable de savoir-vivre européen et de manières chaleureuses québécoises.

TOP 10 À ne pas manquer

1. Basilique Notre-Dame
2. Musée Pointe-à-Callière
3. Séminaire Saint-Sulpice
4. Place Jacques-Cartier et place de la Dauversière
5. Musée Marguerite-Bourgeoys et chapelle Notre-Dame-de-Bon-Secours
6. Hôtel de ville
7. Musée château Ramezay
8. Marché Bonsecours
9. Lieu historique Sir-George-Étienne Cartier
10. Musée Marc-Aurèle Fortin

Basilique Notre-Dame

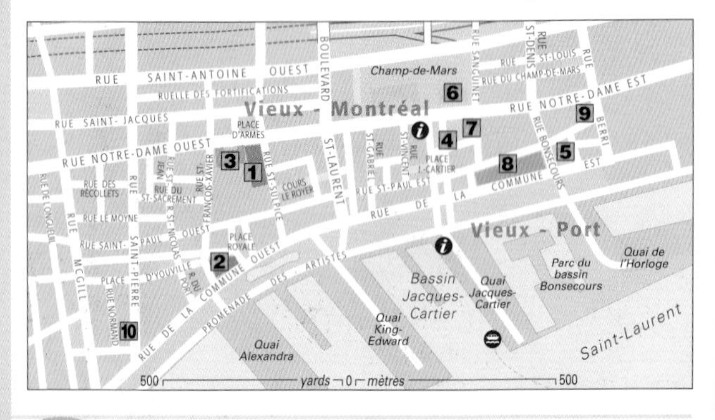

1 Basilique Notre-Dame

Lorsque la plus grosse cloche d'Amérique du Nord se met à sonner au-dessus de la place d'Armes, les pigeons, en s'envolant, offrent un spectacle similaire à celui de la place Saint-Pierre à Rome.
Ce chef-d'œuvre architectural attire d'innombrables pèlerins et visiteurs tout au long de l'année *(p. 12-13)*.

2 Musée Pointe-à-Callière

Ce magnifique immeuble moderne contraste singulièrement avec les vénérables édifices de la place Royale. Un programme d'expositions ambitieux et passionnant tire le meilleur parti des divers espaces que gère le musée *(p. 18-19)*.

3 Séminaire Saint-Sulpice

Construit entre 1684 et 1687 pour abriter les prêtres sulpiciens, c'est le plus ancien monument de Montréal et un parfait exemple d'architecture publique de la Nouvelle-France. L'horloge qui surplombe l'entrée fut installée en 1701. C'est la plus ancienne d'Amérique du Nord *(p. 13)*.
116, rue Notre-Dame Ouest • plan K3 • www.patrimoine-religieux.qc.ca

4 Place Jacques-Cartier et place de la Dauversière

Ces personnages illustres de l'histoire canadienne ont donné leurs noms à deux places, situées l'une en face de l'autre. La place Jacques-Cartier *(p. 34)* fut nommée ainsi en l'honneur du capitaine français qui découvrit le Canada *(p. 32)*. La place de la Dauversière célèbre la mémoire de Jérôme le Royer, sieur de la Dauversière, originaire de La Flèche en Anjou, un collecteur d'impôts qui le premier eut l'idée de fonder la colonie de Ville-Marie. *Plan L3.*

5 Musée Marguerite-Bourgeoys et chapelle Notre-Dame-de-Bon-Secours

Marguerite Bourgeoys débarqua à Ville-Marie en 1653 pour y ouvrir une école. En 1655, elle prit la tête de la congrégation des sœurs de Notre-Dame. En 1675, elle supervisa la construction de la première église en pierre du Canada, dont il ne reste aujourd'hui qu'une chapelle, bâtie en 1771. La proximité du port et les modèles réduits de bateaux qui la décorent lui ont valu d'être surnommée la chapelle des Marins. *400, rue Saint-Paul Est • plan L3 • ouv. mars-avr. : mar.-dim 11h-17h ; mai-oct. : mar.-dim. 10h-17h ; nov.-mi-jan. : mar.-dim. 11h-15h30 • EP • www.marguerite-bourgeoys.com*

Chapelle Notre-Dame-de-Bon-Secours

Veillez à porter des chaussures confortables lorsque vous vous promenez dans les rues pavées du Vieux-Montréal.

L'arrivée des Français et le commerce des fourrures

Le village huron de Hochelaga (« la confluence des rivières »), constituait pour les Français un camp de base idéal pour partir à la découverte du Nouveau Continent. Il leur permit également de s'approvisionner en fourrures auprès des Hurons et de se lancer dans un commerce extrêmement lucratif avec l'Europe.

6 Hôtel de ville

Bâtie entre 1872 et 1878, la mairie est un élégant immeuble du Second Empire conçu par l'architecte Henri-Maurice Perrault (1828-1903). Endommagée par un incendie en 1922, elle fut restaurée en 1926. On peut en visiter l'intérieur et même assister à une séance du Conseil municipal, ouvert au public le lundi à 19 h. La nuit, les façades de l'Hôtel de ville sont illuminées *(p. 35)*.
275, rue Notre-Dame Est • plan L2 • ouv. lun.-ven. 8h30-16h30 • EG (EP pour le Conseil municipal).

Hôtel de Ville

7 Musée château Ramezay

Cette demeure en pierre taillée fut le domicile du gouverneur de Montréal, Claude de Ramezay (1657-1724), et de ses 16 enfants. Après le départ de la famille Ramezay, elle fut occupée par la Compagnie des Indes et baptisée « la maison des Castors » en référence au commerce des fourrures. En 1775, Richard Montgomery y établit son quartier général lorsqu'il tenta d'annexer la ville au profit des États-Unis. Elle fut transformée en musée en 1895. Elle contient des objets datant de l'époque coloniale, une collection d'outils anciens, des uniformes et des documents historiques. Le salon de Nantes, décoré au XVIIIe siècle par l'architecte français Germain Boffrand, est particulièrement intéressant *(p. 35)*. *280, rue Notre-Dame Est • plan L3 • (514) 861 3708 • ouv. juin-sept. : t.l.j. 10h-18h, oct.-mai : mar.-dim. 10h-16h30 • AH • EP • www.chateauramezay.qc.ca*

8 Marché Bonsecours

Construit sur l'emplacement de l'ancien Hotel British American de John Molson, cet immeuble néoclassique a une histoire intéressante. Il abrita tour à tour le parlement du Canada, la mairie de Montréal et un théâtre dont la légende prétend que Charles Dickens en aurait foulé les planches en 1842, au cours d'une tournée qu'il fit avec la troupe des Garrison Amateurs. Il a depuis été transformé en une élégante galerie commerciale. Attiré par ses boutiques à la mode, ses galeries d'art et ses magasins de souvenirs, un flux ininterrompu de visiteurs déambule sous son dôme lumineux tout au long de l'année *(p. 34)*. *350, rue Saint-Paul Est • plan L3 • ouv. juin-sept. : t.l.j. 10h-21h, sept.-juin : t.l.j. 10h-16h (jusqu'à 21h jeu. et ven.).*

Lieu historique Sir-George-Étienne-Cartier

9 Lieu historique Sir-George-Étienne-Cartier

George-Étienne Cartier (1814-1873) fut l'un des pères fondateurs de la Confédération canadienne. La demeure qu'il occupa de 1848 à 1871, élevée au rang de lieu historique national, est un bel exemple de maison patricienne. Elle présente des intérieurs parfaitement conservés. Des acteurs évoluent dans le décor victorien pour faire revivre des personnages typiques de l'époque *(p. 35)*. Une bonne représentation de la vie quotidienne de la bourgeoisie de Montréal au XIXe siècle.

458, rue Notre-Dame Est • plan L3 • ouv. mi-mai-août : t.l.j. 9h-17h, sept.-déc. et mars-mi-mai : mer.-dim. 9h-17h • EP

10 Musée Marc-Aurèle Fortin

Fortin (1888-1970) est considéré comme l'un des plus grands peintres paysagistes du XXe siècle. Installé dans un hangar du XIXe siècle, ce musée abrite une impressionnante collection de peintures représentant les paysages de son Québec natal. C'est la plus importante collection de ses œuvres au monde. Des expositions temporaires sont consacrées à des artistes contemporains locaux.

118, rue Saint-Pierre • plan J3 • ouv. mar.-dim. 11h-17h • EP • www.museemafortin.org

Une promenade matinale sur les quais

Votre périple commence rue Saint-Pierre, au **musée Marc-Aurèle Fortin**, devant ses magnifiques peintures de paysages québécois. Une plaque sur la maison voisine retrace l'histoire des immeubles du quartier. Descendez la rue Saint-Pierre jusqu'aux quais et traversez la rue de la Commune jusqu'au sentier pédestre. Tournez à droite et pénétrez dans le ravissant parc des Écluses. La terrasse du restaurant du parc est l'endroit idéal pour prendre un café.

Longez ensuite les quais dans la direction de l'est. Vous y trouverez des bouquinistes et des artistes qui vous proposeront de faire votre portrait. Passez devant les yachts, le **centre des Sciences de Montréal** *(p. 58)*, le bassin Bonsecours, la chute d'eau, le **quai de l'Horloge** *(p. 39)*.

Prenez la direction du nord jusqu'à la chapelle du Sacré-Cœur dont vous gravirez les escaliers extérieurs pour découvrir une vue magnifique du Vieux-Port *(400, rue Saint-Paul Est)*. Traversez ensuite la rue et entrez dans l'**Auberge Pierre du Calvet** *(p. 58)*, célèbre pour ses intérieurs d'époque.

Pour terminer, visitez le **marché Bonsecours** et ses élégantes galeries commerciales et remontez la rue Saint-Paul jusqu'au **Resto Chez l'Épicier** *(p. 63)* Vous y achèterez un plat à emporter que vous pourrez savourer sur la **place Jacques-Cartier** *(p. 55)* en observant la foule.

Gauche **Biosphère** Droite **Quai de l'Horloge**

TOP 10 Autres visites

1 Centre des Sciences de Montréal

Principalement destiné aux enfants, l'iSci *(p. 47)* propose de nombreuses expositions interactives et abrite une salle IMAX ainsi que des aires de jeu. *Quai King-Edward • plan K3 • (514) 496 4724 • ouv. mar.-dim. : 10h-17h • AH • EP.*

2 Biosphère

Construite pour l'Exposition universelle de 1967, cette merveille architecturale abrite aujourd'hui un centre d'observation écologique et un musée consacré au Saint-Laurent et aux Grands Lacs. *160, rue Tour de l'Isle, île Sainte-Hélène • plan F5 • (514) 283 5000 • ouv. mar.-dim. : 10h-17h • AH • EP.*

3 Auberge Pierre du Calvet

Bâtie en 1725, cette auberge est l'un des lieux les plus romantiques de Montréal. Elle possède une remarquable collection d'antiquités. Son restaurant, Les Filles du Roy, est tout à fait recommandable. *405, rue Bonsecours • plan L3 • (514) 282 1725.*

4 Quai de l'Horloge

Construite en 1922, la tour de l'horloge offre une vue magnifique sur le port (on accède au sommet par un escalier dérobé). *Plan M3.*

5 Casino de Montréal

Des salles de cabaret, plusieurs restaurants, 3000 machines à sous et 120 tables de jeu *(p. 50)* : rien ne manque à ce somptueux casino. *Île Notre-Dame • plan E6 • ouv. t.l.j. 24h/24h • AH • EG.*

6 Square Victoria

En 1860, un imposant monument en l'honneur de la reine Victoria fut érigé sur l'emplacement de l'ancien marché aux fourrages. *Plan J2.*

7 Centre d'histoire de Montréal

Cette ancienne station de pompier accueille aujourd'hui une exposition interactive sur le vieux Montréal. *335, place d'Youville • plan K3 • ouv. mi-mai-août : t.l.j. 10h-17h, sept.-mi-mai : mar.-dim. 10h-17h • EP.*

8 Vieille maison de Douane

Ce bel exemple d'architecture 1830 fait désormais partie du musée Pointe-à-Callière *(p. 19)*.

9 Musée de la Banque de Montréal

Le plus vieil établissement bancaire du Canada, bâti en 1817, expose dans ses somptueux salons une belle collection de pièces anciennes. *129, rue Saint-Jacques Ouest • plan K3 • ouv. lun.-ven. 10h-16h • EG.*

10 Musée Stewart du Fort

L'unique fort de Montréal permet de se familiariser avec quatre siècles d'histoire militaire. *20, rue Tour de l'Isle, île Sainte-Hélène • plan F4 • ouv. t.l.j. 10h-16h • EP.*

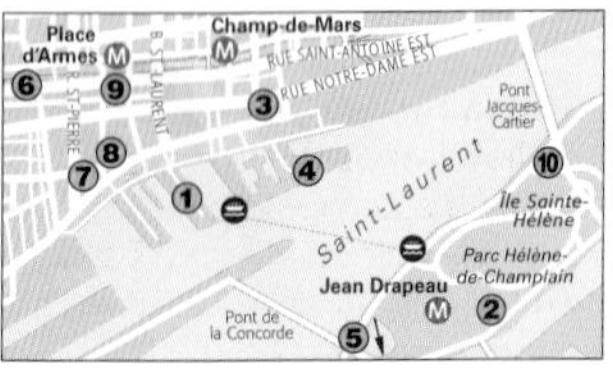

Gauche **Centre de commerce mondial** Droite **Souvenirs, Conseil des métiers d'art du Québec**

Top 10 Shopping

1 Marché Bonsecours
Ce rescapé du Vieux-Montréal abrite aujourd'hui des boutiques à la mode *(p. 56)*.

2 Centre de commerce mondial
Plusieurs immeubles anciens de la ruelle des Fortifications ont été reliés par un immense dôme en verre, créant un vaste atrium où il fait bon déambuler en toute saison. Des boutiques, des bureaux et un hôtel se partagent l'atrium. *747, square-Victoria • plan J2 • AH.*

3 Galerie Michel-Ange
Cette galerie d'art à la mode expose les œuvres d'artistes québécois et internationaux dans une maison bâtie en 1864 et classée. *430, rue Bonsecours • plan L3.*

4 Galerie le Chariot
Une merveilleuse collection d'art inuit est exposée dans cette galerie qui donne sur la place Jacques-Cartier. Une des premières boutiques à s'installer dans les maisons anciennes de la vieille ville, la galerie propose des idées de cadeaux pour toutes les bourses. *446, Place Jacques-Cartier • plan L3.*

5 Camtec Photo
Travaillant aussi bien à partir de négatifs que de photos numériques, ils portent un grand soin aux tirages. *26, rue Notre-Dame Est • plan K3 • AH.*

6 Noël éternel
Ce magasin (ouvert toute l'année) consacré aux fêtes de Noël est l'occasion de se constituer un stock de décorations faites à la main, de papiers cadeaux, de jeux et de poupées. *461, rue Saint-Sulpice • plan K3.*

7 Conseil des métiers d'art du Québec
Cette coopérative expose les œuvres d'artisans québécois travaillant dans des domaines aussi variés que la peinture, la gravure, la bijouterie, la confection, les jouets, les cartes, le verre et les marionnettes. *350, rue Saint-Paul Est • plan L3.*

8 Le Cartet boutique alimentaire
Cette grande épicerie offre le meilleur choix de produits alimentaires de toute la ville. En proposant des spécialités des quatre coins du globe, elle est devenue une référence pour les gourmets de Montréal. *106, rue McGill • plan J3.*

9 Renata Morales
Une boutique pour les femmes qui apprécient une mode originale et colorée. *209, rue Saint-Paul Ouest • plan K3.*

10 Galerie Clarence Gagnon
Située à quelques pas du marché Bonsecours, cette galerie ne vend pas seulement des œuvres d'art mais propose également des services d'évaluation, de consultation, de restauration, d'authentification, d'expertise et d'encadrement. *301, rue Saint-Paul Est • plan L3.*

Pages suivantes : **Basilique Notre-Dame, de nuit**

Festival
Mozart
lumière
fut

Gauche **Au Cépage** Droite **Le Vieux Saint-Gabriel**

TOP 10 Bars et cafés

1 Au Cépage
Créé par un ancien critique gastronomique, ce bar-restaurant récemment rénové attire de nombreux journalistes. Son menu éclectique propose des plats des quatre coins du monde.
212, rue Notre-Dame Ouest • plan K3.

2 La Cage aux Sports
Une foule sympathique s'engouffre régulièrement dans cette taverne pour y assister en direct à des rencontres sportives diffusées sur grand écran en buvant de la bière.
395, rue Le Moyne • plan J3.

3 Raw Bar
C'est le bar à cocktails favori des amateurs de *caipirinhas* et de *mojitos*. Occupant le 2e étage de l'élégant Hôtel Saint-Paul *(p. 113)*, il propose de délicieuses préparations de fruits de mer crus.
355, rue McGill • plan J3.

4 Chez Delmo
Ce bar à huîtres remporte un tel succès auprès du public des théâtres du quartier et des visiteurs de la basilique Notre-Dame qu'il est vivement recommandé de réserver à l'avance. *211, rue Notre-Dame Ouest • plan K3.*

5 Le Vieux Saint-Gabriel
Fondée en 1754, cette taverne est l'une des plus anciennes d'Amérique du Nord. Transformée en bar-restaurant, elle est appréciée pour son cadre romantique et son excellente carte des vins.
426, rue Saint-Gabriel • plan K3.

6 Auberge Pierre du Calvet
C'est dans cette célèbre taverne que Benjamin Franklin rencontra les « fils de la liberté » en 1775. En hiver, on prendra un verre au bar, devant un bon feu de cheminée. L'été, on profitera du jardin pour prendre son petit déjeuner *(p. 58)*.

7 Galliano's
Ce bar animé du Vieux-Montréal attire une joyeuse clientèle avec ses bières pression, ses vins bon marché et son atmosphère conviviale, sans oublier son menu italien.
410, rue Saint-Vincent • plan L3.

8 Brandy's
Le bar qui jouxte la Keg Sainteak House a une clientèle hétéroclite. On y liera facilement conversation avec des clients venus de tous les horizons.
25, rue Saint-Paul Est • plan L3.

9 Saintash's Café Bazar
Situé à deux pas du Théâtre du Centaure *(p. 40)*, ce café-restaurant polonais sert un délicieux bortsch, des saucisses préparées maison et un authentique strudel aux pommes.
200, rue Saint-Paul Ouest • plan K3.

10 Java U Lounge
Le successeur du célèbre club L'Air du Temps propose de délicieux panini toute la journée. La nuit, il se transforme en bar à tapas et organise régulièrement des concerts et des spectacles de cabaret.
191, rue Saint-Paul Est • plan L3.

Thai Orchid

Catégories de prix		
Pour un repas avec	$	moins de 20 $
entrée, plat et dessert,	$$	entre 20 et 40 $
une demi-bouteille	$$$	entre 40 et 55 $
de vin, taxes	$$$$	entre 55 et 80 $
et service compris.	$$$$$	plus de 80 $

Top 10 Restaurants

1 Le Petit Moulinsart

Le décor kitsch de ce restaurant plaira aux fans de Tintin. On y sert des spécialités belges et plus de 150 bières. Les moules sont un must. *139, rue Saint-Paul Ouest • plan K3 • (514) 843 7432 • $$.*

2 Nuances

Son menu nouvelle cuisine et son cadre de rêve ont valu à Nuances l'honneur d'être le seul restaurant canadien à recevoir cinq étoiles au Guide Mobil en 2003. Tenue correcte exigée. *1, av. du Casino, île Notre-Dame • plan E6 • (514) 392 2746 • AH • $$$$$.*

3 Resto Chez L'Épicier

Une épicerie, un restaurant et un service de plats à emporter, tous les trois sous un même toit. On recommande ses soupes originales, ses salades et son plateau de fromages. *311, rue Saint-Paul Est • plan L3 • (514) 878 2232 • AH • $$$$.*

4 Boris Bistro

Pommes de terres frites dans de la graisse de canard ? Si cela vous effraie, demandez un saumon poché, délicieux lui aussi. *465, rue McGill • plan J3 • (514) 848 9575 • $$$.*

5 Restaurant aux Baguettes d'Or

Ce restaurant familial séchouanais est l'une des adresses favorites des juges, des avocats et des autres gourmets de la ville. *751, rue Bonsecours • plan L3 • (514) 844 2748 • $$.*

6 Mikado

Ce restaurant japonais doit son excellente réputation à ses sushi et maki succulents. *368, av. Laurier Ouest • plan D1 • (514) 279 4809 • $$$.*

7 Restaurant Hélène de Champlain

Cet établissement de l'île Sainte-Hélène est apprécié pour son cadre idyllique, sofas très confortables, son feu de cheminée et ses bons petits plats français. *200, tour de l'Isle, île Sainte-Hélène • plan F5 • (514) 395 2424 • AH • $$$$.*

8 Restaurant Solmar

Ce restaurant portugais est réputé pour son homard, son filet mignon et ses calamars. *111, rue Saint-Paul Est • plan L3 • (514) 861 4562 • $$$.*

9 Gibby's

C'est l'un des meilleurs restaurants du pays, réputé pour ses huîtres et ses steaks. Par beau temps, on peut déjeuner dans le jardin. *298, place d'Youville • plan K3 • (514) 282 1837 • $$$$.*

10 Thai Orchid

Délicieuse cuisine traditionnelle thaïlandaise. Le menu pour deux est copieux *138, rue Saint-Paul Est • plan L3 • (514) 861 6640 • $$.*

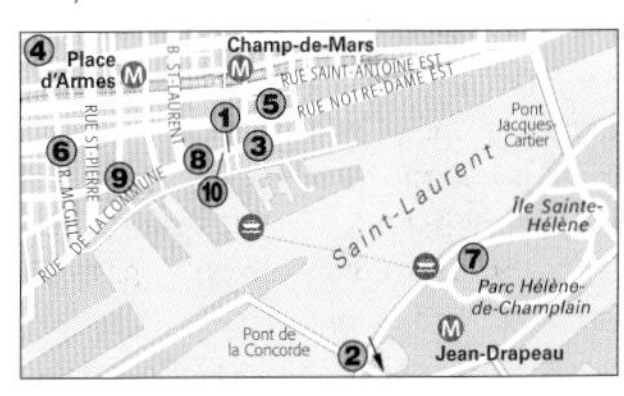

Remarque : *sauf indication contraire, tous les restaurants acceptent les cartes de paiement et proposent des plats végétariens.*

Gauche **Musée d'Art contemporain de Montréal** Droite **Quartier chinois**

Centre-ville de Montréal et Quartier latin

Offrant des possibilités de divertissement presque illimitées, le centre-ville et le Quartier latin sont au cœur des réjouissances de Montréal, de jour comme de nuit. En dépit de leur superficie modeste, ces deux quartiers sont les plus dynamiques de la métropole. Artistes, designers, musiciens, écrivains, universitaires et étudiants des universités Concordia et McGill y ont élu domicile, attirés par ce mélange unique de monuments historiques, de musées, de bars, de restaurants exotiques et de clubs gays. Aucune visite de Montréal ne serait vraiment complète sans une exploration de ce pôle magnétique.

TOP 10 À ne pas manquer

1. Musée des Beaux-Arts
2. Musée McCord d'histoire canadienne
3. Université McGill
4. Cathédrale Marie-Reine-du-Monde
5. Musée d'Art contemporain de Montréal
6. Musée Redpath
7. Centre canadien d'architecture
8. Quartier chinois
9. Chapelle Notre-Dame-de-Lourdes
10. Le Village

Centre-ville

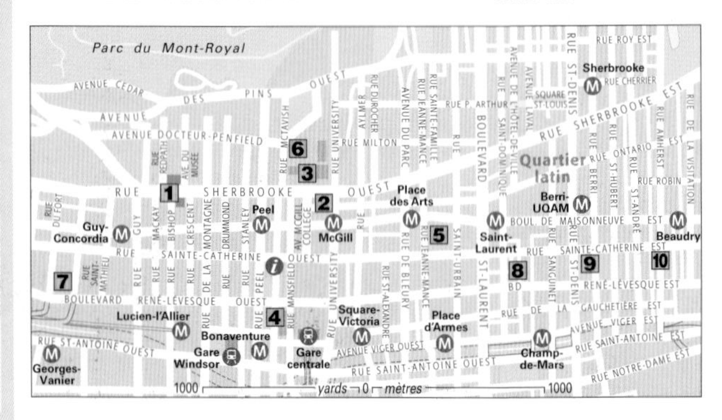

1 Musée des Beaux-Arts

C'est l'un des plus anciens et des plus riches bastions des arts visuels du Canada. Sa collection permanente cohabite avec des expositions temporaires prestigieuses des œuvres de maîtres du passé et d'artistes contemporains *(p. 20-21)*.

2 Musée McCord d'histoire canadienne

Ce musée possède la plus importante collection d'objets amérindiens du Québec. Son département des textiles et des vêtements est tout à fait exceptionnel.

Chaussons inuits, musée McCord

À découvrir aussi : la collection d'objets de la vie des colons. Les archives photographiques William Notman documentent la vie au Canada entre 1840 et 1935. Ce fonds inestimable contient plus d'un million de photos, réparties en quelque 200 albums, et attire des experts et des chercheurs du monde entier. *690, rue Sherbrooke Ouest • plan J1 • (514) 398 7100 • ouv. mar.-ven. 10h-18h, sam. et dim.10h-17h • EP • www.mccord–museum.qc.ca*

3 Université McGill

Fondée par le roi Georges IV en 1821, l'université doit son existence au marchand de fourrures écossais James McGill qui, en léguant à sa ville d'adoption ce terrain de 30 ha, rêvait de la bâtir. La réputation de la faculté de médecine McGill n'est plus à faire. Avec plus de 30 000 étudiants, on ne s'étonnera pas que l'université McGill contribue de manière significative à l'animation du centre-ville.

805, rue Sherbrooke Ouest • plan J1.

4 Cathédrale Marie-Reine-du-Monde

Empruntant de nombreux éléments à la basilique Saint-Pierre de Rome, la cathédrale Marie-Reine-du-Monde fut construite au XIXe siècle, pour la communauté catholique de la ville par l'architecte Victor Bourgeau. Entre autres merveilles, on signalera le baldaquin cuivre et or qui s'élève au-dessus de l'autel, un tour de force néobaroque inspiré du baldaquin du Bernin à Saint-Pierre. Ce noble édifice reste une figure emblématique du centre-ville de Montréal.

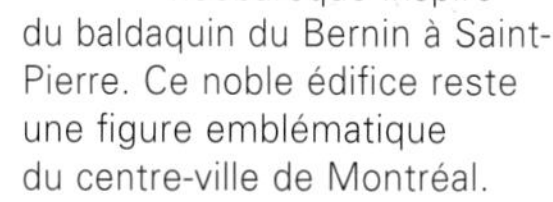

1085, rue de la Cathédrale • plan H2 • ouv. lun.-ven. 6h30-19h30, sam. 7h30-20h30, dim. 8h30-19h30 • EG • www.cathedalecatholiquedemontreal.org

Autel, cathédrale Marie-Reine-du-Monde

Mieux vaut pour bien l'apprécier visiter le quartier en semaine et éviter la cohue du week-end.

Au cœur du nationalisme francophone

Le Quartier latin est considéré comme le centre du nationalisme francophone québécois. Les artistes, polémistes, écrivains, universitaires et étudiants qui l'habitent l'ont transformé en un bastion de la vie intellectuelle québécoise, contribuant de manière significative au fait français du Canada.

5 Musée d'Art contemporain de Montréal

Le seul musée au Canada à être entièrement consacré à l'art contemporain expose les œuvres d'artistes locaux et internationaux. *185, rue Sainte-Catherine Ouest • plan K1 • (514) 847 6226 • ouv. mar.-dim. 11h-18h, mer. 21h • AH • EP • www.macm.org*

6 Musée Redpath

Inauguré en 1882, ce musée est l'un des plus anciens du Canada. Initialement conçu pour abriter les collections de sir William Dawson, le célèbre naturaliste canadien, il fut par la suite rattaché à la faculté des sciences de l'université McGill.

Façade du musée Redpath

Ce monument victorien d'inspiration néoclassique abrite aujourd'hui des collections d'histoire naturelle. *859, rue Sherbrooke Ouest • plan C3 • ouv. lun.-sam. 9h-17h, dim. 13h-17h • EG • www.mcgill.ca/redpath*

7 Centre canadien d'architecture

Le CCA fut créé en 1979 pour familiariser le grand public aux enjeux sociaux et culturels de l'architecture moderne. Son centre de recherche a joué un rôle important dans la diffusion des idées des grands architectes contemporains. Ses collections sont réparties dans deux bâtiments. La Shaughnessy House (construite en 1874) abrite de nombreuses maquettes, des dessins et des archives photographiques. Ne manquez pas le jardin qui se trouve de l'autre côté de la rue. *1920, rue Baile • plan B4 • (514) 939 7026 • ouv. mar.-dim. 11h-18h, jeu. 20h • AH • EP (sauf jeu.) • www.cca.qc.ca*

8 Quartier chinois

La ligne de chemin de fer qui traverse le Canada d'est en ouest fut en partie réalisée grâce à de la main-d'œuvre chinoise. Une fois la transcontinentale achevée, les ouvriers chinois s'installèrent à Montréal, dans cette enclave située au cœur de la ville, un moyen efficace de lutter contre les discriminations. Depuis sa création en 1880, le quartier chinois s'est ouvert aux autres communautés originaires de l'Asie du Sud-Est. Une promenade le long du boulevard Saint-Laurent et de la rue de la Gauchetière vous mènera au cœur du quartier, un joyeux mélange de restaurants bon marché, de magasins de bric-à-brac et de folklore exotique. *Plan L2.*

9 Chapelle Notre-Dame-de-Lourdes

Cette chapelle somptueusement décorée est le chef-d'œuvre de l'artiste Napoléon Bourassa, le petit-fils de Louis-Joseph Papineau, une grande figure du nationalisme québécois. Après avoir fait ses études en Europe, il rentra à Montréal pour mettre son art au service de son patriotisme et de sa foi. La chapelle fut commandée en 1876 par la congrégation sulpicienne.

430, rue Sainte-Catherine Est • plan L1 • ouv. t.l.j. 7h-18h30 • EG.

Le Village

10 Le Village

La communauté gay de Montréal est extrêmement dynamique, comme le prouve le succès remporté par le défilé qu'elle y organise chaque année. Situé entre la rue Saint-Hubert et l'avenue Papineau, le Village est animé jour et nuit. Ce mélange d'anciens immeubles industriels restaurés et de constructions modernes attire des visiteurs du monde entier. En 2006, Montréal a accueilli la première édition des Outgames.

Plan M1.

Promenade matinale entre le quartier chinois et le Quartier latin

Commencez la journée en déambulant sous la grande nef de la basilique Saint-Patrick (au coin de la rue Saint-Alexandre et du boulevard René-Lévesque Ouest), puis prenez la rue de la Gauchetière dans la direction de l'est et traversez l'avenue Viger. Flânez au milieu des boutiques chinoises, des restaurants de *dim sum*, des marchés exotiques et des marchands d'herbes médicinales. Descendez Saint-Urbain jusqu'au Holiday Inn Select Montréal Centre-Ville *(99, av. Viger Ouest • plan K2)* au 2e étage duquel se trouve un paisible jardin chinois, le lieu idéal pour vous désaltérer.

Une fois sorti de l'hôtel, reprenez la rue de la Gauchetière sur la droite et rejoignez le boulevard Saint-Laurent. C'est le cœur du **quartier chinois** et l'axe principal de la ville, qui sépare Montréal Est de Montréal Ouest. Prenez la rue Saint-Denis et tournez à gauche. Vous voilà arrivés dans le Quartier latin. Succombez à la tentation de ses innombrables boutiques, restaurants, bistros et cafés. Entrez dans la merveilleuse Bibliothèque nationale *(1700, rue Saint-Denis • plan L2)* pour admirer les vitraux qui ornent ses plafonds. Continuez en direction du nord jusqu'au carré Saint-Louis, le centre névralgique du quartier. De là, vous pourrez découvrir les élégantes demeures Belle Époque de l'avenue Laval.

Si vous voulez déjeuner en terrasse, le menu français du **Café Cherrier** est une valeur sûre *(p. 73)*.

Gauche **La ville souterraine** Droite **Halles de la Gare**

TOP 10 Shopping en ville souterraine

1 Place Bonaventure

Plus de 135 boutiques, des produits du monde entier, des restaurants, des banques, un bureau de poste et un supermarché composent ce vaste complexe souterrain. *900, rue de la Gauchetière Ouest • plan J2 • AH.*

2 Halles de la Gare

Cette structure originale abrite des restaurants bon marché, des boutiques de mode et des fleuristes, qu'animent les allées et venues incessantes des passagers. *895, rue de la Gauchetière Ouest • Plan J2 • AH.*

3 Centre Eaton

Une grande nef de verre inondée de lumière signale la présence de ce centre commercial souterrain qui abrite de nombreux restaurants, des magasins et six cinémas. *Rue Sainte-Catherine Ouest, à l'angle de l'av. McGill College • plan J1 • AH.*

4 Place Montréal Trust

La fontaine de la place Montréal Trust possède l'un des plus grands jets d'eau d'Amérique du Nord (30 m). Cette galerie commerciale abrite également un réseau de boutiques de mode haut de gamme. *Rue Sainte-Catherine Ouest • plan J1 • AH.*

5 Les Promenades de la Cathédrale

Construit en dessous de la cathédrale Christ Church (1859), ce centre commercial abrite 75 magasins. *625, rue Sainte-Catherine Ouest • plan J1 • AH.*

6 Cours Mont-Royal

Cette galerie élégante est installée au rez-de-chaussée et au sous-sol de l'hôtel Mont-Royal, à l'est de la ville souterraine. *1455, rue Peel • plan H1.*

7 Place Ville-Marie

Si le centre commercial de la place Ville-Marie a autant de succès, c'est en partie grâce au marché Movenpick et à ses étalages appétissants. *Av. McGill College, à l'angle de la rue Cathcart • plan J1 • AH.*

8 Complexe Desjardins

Situé en face de la place des Arts, ce centre commercial est relié au complexe Guy-Favreau et au quartier chinois par des passages souterrains. *Rue Sainte-Catherine Ouest, à l'angle de la rue Jeanne-Mance • plan K1 • AH.*

9 La Baie

Connue dans le reste du pays sous le nom de Hudson Bay Company, cette galerie commerciale est un véritable monument historique. On y trouve de tout, des petites choses pour la maison aux dernières créations des grandes marques de mode. *585, rue Sainte-Catherine Ouest • plan J1 • AH.*

10 Faubourg Sainte-Catherine

Situé au cœur du village de Shaughnessy, ce centre commercial est réputé pour son marché de primeurs et ses restaurants bon marché. *1616, rue Sainte-Catherine Ouest • plan G1.*

Avec ses 31 km de passages souterrains Montréal est l'un des plus grands réseaux souterrains du monde.

Gauche **Bar Jello** Droite **Un verre au centre-ville**

TOP 10 Bars et boîtes de nuit

1 Club Stéréo

Avec l'une des sonos les plus puissantes d'Amérique du Nord, ce club *after-hours* ne désemplit jamais. Une grande variété de styles musicaux attire une foule éclectique. *858, rue Sainte-Catherine Est • plan M1 • AH.*

2 Bar Jello

Martinis frappés, lava lamps, piste de danse et musique *live* (jazz, reggae, *world music*) le Bar Jello a tout pour plaire. *151, rue Ontario Est • plan L1 • AH.*

3 Club Campus

Un des meilleurs clubs de strip-tease gays d'Amérique du Nord, le Campus doit son succès aux adonis qui servent derrière le bar et à sa piste de danse surchauffée. *1111, rue Sainte-Catherine Est • plan M1 • AH.*

4 Pub l'Île Noire

Cet authentique pub écossais propose une excellente sélection de whiskies pur malt et des bières pression importées. L'ambiance très agréable justifie les prix relativement élevés. *342, rue Ontario Est • plan L1.*

5 Sky Complex

Un pub, une boîte de nuit et un cabaret forment cet immense complexe gay destiné à accueillir la florissante communauté homosexuelle de l'est de la ville. *1474, rue Sainte-Catherine Est • plan M1 • AH.*

6 Sofa Bar

C'est ici qu'il faut venir pour savourer un porto, accompagné d'un bon cigare, en prenant ses aises dans un sofa moelleux. *451, rue Rachel Est • plan E2.*

7 Pub Quartier-Latin

C'est l'un des pubs les plus agréables de la ville. Il possède une jolie terrasse, un bar confortable et une excellente sélection de bières locales et importées. *318, rue Ontario Est • plan L1 • AH.*

8 Les Trois Brasseurs

Un bistro sympathique et animé qui dispose d'une terrasse donnant sur la rue Saint-Denis. On y sert une cuisine roborative, arrosée de bière brassée maison. *1660, rue Saint-Denis • plan E2.*

9 Pub Sainte-Elisabeth

Ce pub irlandais propose une grande sélection de bières en bouteille et à la pression, de whiskies, de portos et de vins. Il dispose également d'un buffet-restaurant, d'un joli jardin cloîtré, d'une cheminée et d'une terrasse. Le personnel est sympathique, l'ambiance chaleureuse. *1412, rue Sainte-Elisabeth • plan L2.*

10 Bar Saint-Sulpice

Ce bar est l'un des grands favoris des étudiants de l'université. Une musique excellente, un jardin très agréable : c'est un lieu idéal pour se donner rendez-vous. *1680, rue Saint-Denis • plan L1.*

Pages suivantes : **Le centre-ville, à la tombée de la nuit.**

TRUST

Gauche **Le Latini** Droite **Le Café des Beaux-Arts**

TOP 10 Restaurants du centre-ville

1 Katsura

Bien que ce restaurant japonais trentenaire ait fondé sa réputation sur ses délicieux *tempura* et *sushi*, il propose également des spécialités d'autres pays asiatiques. *21701, rue de la Montagne • plan C3 • (514) 849 1172 • AH • $$$.*

2 Le Latini

Ce restaurant italien attire une clientèle sophistiquée grâce à son atmosphère enjouée, sa carte des vins et son excellente cuisine. Ne pas rater le *tiramisù*. *1131, rue Jeanne-Mance • plan K2 • (514) 861 3166 • AH • $$$$.*

3 Le Café des Beaux-Arts

Ce bistro français installé dans le cadre somptueux du musée des Beaux-Arts *(p. 20-21)* propose des petits plats originaux et une carte des vins honorable. *1384, rue Sherbrooke Ouest • plan C3 • (514) 843 9307 • AH • $$$.*

4 Tour de Ville Restaurant Panoramique

Situé au dernier étage de l'hôtel Delta centre-ville, son buffet afro-méditerranéen vous surprendra par son originalité. Vue exceptionnelle. *777, rue University • plan J2 • (514) 879 4777 • AH • $$$.*

5 Alpenhaus

On y sert les meilleurs *weinerschnitzel* de Montréal. La fondue, le *goulasch* et le *strudel* sont tout aussi délicieux. La Heidi Room peut être réservée à l'avance pour des groupes. *1279, rue Saint-Marc • plan B3 • (514) 935-2285 • $$$.*

6 Eggspectations

Voici une chaîne de restaurants spécialisés dans les petits-déjeuners à l'Américaine, les œufs Bénédicte et le saumon fumé. *1313, bd de Maisonneuve Ouest • plan H1 • (514) 842 3447 • $.*

7 Le Beaver Club

Le restaurant de l'hôtel Queen Elisabeth est célèbre à Montréal pour sa soupe aux moules *(chowder)*, son rôti de bœuf et ses martinis. Jeans et tee-shirts interdits. *900, bd René-Lévesque Ouest • plan H2 • (514) 861 3511 • AH • $$$$$.*

8 Newtown

Ce centre d'attraction et son restaurant sont l'idée du pilote de course Jacques Villeneuve. *1476, rue Crescent • plan G1 • (514) 284 6555 • $$$$$.*

9 Café Ferreira

On y sert un délicieux risotto de fruits de mer et des sardines grillées dans la meilleure tradition portugaise. *1446, rue Peel • plan H1 • (514) 848 0988 • $$$$.*

10 Julien

Un authentique bistro parisien. Essayez la bavette à l'échalote et la marquise fondante au chocolat. *1191, av. Union • plan J2 • (514) 871 1581 • $$$.*

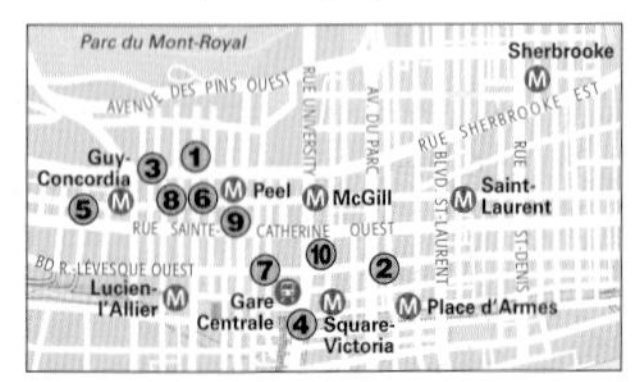

Catégories de prix		
Pour un repas avec entrée, plat et dessert, une demi-bouteille de vin, taxes et service compris.	$	moins de 20 $
	$$	entre 20 et 40 $
	$$$	entre 40 et 55 $
	$$$$	entre 55 et 80 $
	$$$$$	plus de 80 $

Café Cherrier

TOP 10 Restaurants du Quartier latin

1 La Paryse

On y sert sans doute les meilleurs hamburgers du Canada. Entre autres régals, on recommandera les doubles *patties* (deux steaks hachés au lieu d'un !) et le hamburger végétarien à base de soja. Ambiance jeune et décontractée. *302, rue Ontario Est • plan L1 • (514) 842 2040 • AH • $$.*

2 Restaurant Laloux

Filet de caribou du Nuvanut, côtelettes d'agneau avec des petits flans de foie gras arrosés : ce n'est qu'un échantillon du fabuleux menu composé par le chef français André Besson. *250 av. des Pins Est • plan D3 • (514) 287 9127 • AH • $$$.*

3 Restaurant Delhi

C'est le prince des restaurants indiens de Montréal : une cuisine somptueuse, des nappes blanches, des couverts raffinés et un service impeccable. *3464, rue Saint-Denis • plan E3 • (514) 845 7977 • AH • $$.*

4 Café Cherrier

Ce bistro français possède une des plus belles terrasses de Montréal. Les brunchs du week-end sont une institution. *3635, rue Saint-Denis • plan E3 • (514) 843 4308 • AH • $$.*

5 Nonya

Ce nouveau venu d'origine malaise est en train de devenir un grand favori des gourmets de Montréal grâce à ses succulents *lumpia goreng* (bouchées aux œufs). *1228, bd Saint-Laurent • plan C1 • (514) 875 9998 • AH • $$.*

6 Le Soleil

Ce restaurant nord-africain propose des couscous délicieux et des friandises maison. *1624, bd Saint-Laurent • plan K1 • (514) 287 7489 • AH • $.*

7 Les Deux Charentes

Entre autres bonnes surprises, on trouve au menu de ce restaurant français un saumon aux pignons de pin cuit au four et un canard au sirop d'érable… *815, bd de Maisonneuve Est • plan M1 • (514) 523 1132 • $$$.*

8 O'Thym

Ce temple du *fusion food* propose de surprenants *won ton Toyota* farcis à la pulpe de fruits exotiques. *1310, bd de Maisonneuve Est • plan E3 • (514) 526 4940 • $$$.*

9 Le Toasteur

Spécialisé dans les petits déjeuners, ce restaurant miniature est pris d'assaut dès l'ouverture. *950, rue Roy Est • plan E2 • (514) 527 8500 • $.*

10 Café Saigon

Ce café asiatique remporte beaucoup de succès auprès des étudiants. *1280, rue Saint-André • plan M1 • (514) 849 0429 • AH • $.*

Remarque : *sauf indication contraire, tous les restaurants acceptent les cartes de paiement et proposent des plats végétariens.*

Gauche **Rue Saint-Denis** Droite **Boulevard Saint-Laurent**

De Mont-Royal à Hochelaga-Maisonneuve

Cette partie de Montréal comporte de grands espaces verts et abrite certaines des plus belles attractions de la ville. Au pied de la colline du parc de Mont-Royal s'étendent les quartiers animés de la petite Italie, de Rosemont et de Mercier, pleins de magasins, de marchés et de restaurants de toutes les nationalités. Ceux qui souhaitent s'échapper un moment de la vie urbaine et qui apprécient la nature et la tranquillité aimeront le parc pour ses paysages magnifiques, sa vue imprenable sur Montréal et son vaste choix d'activités en plein air. Situé à l'est du centre-ville, le Parc olympique nous entraîne vers le quartier de Hochelaga-Maisonneuve. Le Stade olympique, le Jardin botanique, le Biodôme et l'Insectarium offrent aux visiteurs de tous les âges de nombreuses occasions de se divertir.

TOP 10 À ne pas manquer

1. Parc du Mont-Royal
2. Parc olympique
3. Rue Saint-Denis
4. Boulevard Saint-Laurent
5. Plateau Mont-Royal
6. Avenue du Mont-Royal
7. Avenue du Parc
8. Outremont
9. Petite Italie
10. Marché Jean-Talon

Parc du Mont-Royal

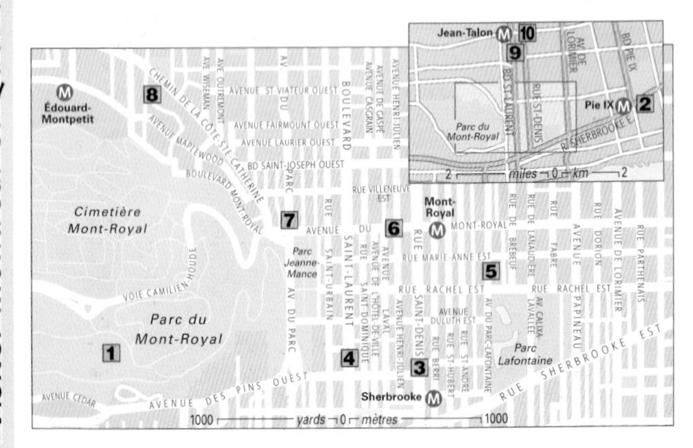

Biodôme, Parc olympique

1 Parc du Mont-Royal

Montréal ne doit pas seulement son nom au Mont-Royal, elle lui doit aussi une partie de sa personnalité. Montréal ne serait pas Montréal sans ses activités en plein air, ses cimetières protestants et catholiques et sa vue sur le Saint-Laurent. Classé simultanément au Patrimoine naturel et historique du Québec, le parc du Mont-Royal est aujourd'hui à l'abri de tout risque d'urbanisation *(p. 8-11)*.

2 Parc olympique

Il offre un vaste choix d'activités pour tous les âges. Des hauteurs vertigineuses de la tour de Montréal, qui domine le stade, aux forêts du Biodôme, qui abritent de nombreuses espèces animales indigènes, jusqu'au merveilleux Jardin botanique, une journée suffit à peine pour en faire le tour *(p. 14-17)*.

3 Rue Saint-Denis

Ses merveilles architecturales, ses poètes de rue, ses restaurants et ses cafés contribuent tous au charme inépuisable de la rue Saint-Denis. Du carré Viger dans le Vieux-Montréal jusqu'au Carré Saint-Louis, l'architecture victorienne sert de toile de fond à un mélange réussi de boutiques design, de musique hip-hop et de vitalité juvénile. En hiver, ne pas manquer le festival Les Tam-tams qui fait trembler les fondations du bar El Zaz *(p. 78)*. *Plan E2.*

4 Boulevard Saint-Laurent

Ce grand boulevard divise la ville en deux. Partant des quais, il sépare les quartiers anglophones à l'Ouest des quartiers francophones à l'Est, même si cette distinction linguistique s'est progressivement estompée au cours des dernières années. Surnommé *The Main* (signifiant « la rue principale »), il est bordé d'innombrables cafés, de bars à *sushi*, de boutiques, de bons restaurants et des boîtes de nuit à la mode. En ce qui concerne le shopping, on y trouve de tout : mode, épiceries, livres anciens, matériel électronique, diamants, vieux journaux, gravures sur bois, produits de l'artisanat, matériel de cuisine et même un magasin de pierres tombales. *Plan D2.*

Les maisons de la Culture

Montréal possède un des réseaux d'institutions culturelles les plus efficaces du monde. Pour un prix symbolique, parfois même gratuitement, les maisons de la Culture proposent des concerts, de débats et des expositions. La plus réputée est sans doute la Chapelle historique du bon pasteur (100, rue Sherbrooke Est) qui abrite aujourd'hui une salle de concert.

5 Le plateau Mont-Royal

Le quartier du plateau est délimité par la rue Sherbrooke au sud, le boulevard Saint-Laurent à l'ouest, l'avenue Laurier au nord et le parc Lafontaine à l'est. Il est né de l'agglomération de plusieurs villages et de leur absorption progressive par la ville de Montréal. Ses charmantes petites maisons à deux ou trois étages, dotées d'escaliers extérieurs, de balustrades en fer forgé et de détails en bois sculpté, sont emblématiques du quartier. Ses rues bordées d'arbres sont animées jour et nuit. *Plan E2.*

Plateau Mont-Royal

6 Avenue du Mont-Royal

La vitalité du quartier se manifeste dans ses snack-bars, ses magasins de curiosités, ses cafés et dans l'attitude joyeuse et décontractée des riverains. Les bonnes affaires voisinent avec les boutiques de mode, les accessoires branchés avec la cuisine exotique. *Plan D2.*

Les Tam-tams, Avenue du Parc

7 Avenue du Parc

Partant de la rue Sherbrooke en direction du nord, l'avenue traverse les quartiers de McGill, du parc du Mont-Royal, du plateau Mont-Royal, de Mile End et de Park Extension. On peut y passer toute une journée sans s'ennuyer un seul instant. On commencera avec un petit déjeuner chez Cora's, suivi d'un détour par le festival Les Tam-tams sur le Pont-Royal (le dimanche), d'un déjeuner dans un restaurant grec, italien ou libanais, d'un peu de shopping (bonnes affaires ou manteaux en cuir sur mesure, au choix), de quelques longueurs dans la piscine de la YMCA, d'un verre en bonne compagnie tout en écoutant de la musique africaine *live*. La journée peut se terminer au théâtre du Rialto.
Plan D2 • Cora's : 3465 av. du Parc • YMCA : 5550, av. du Parc.

8 Outremont

Fondé en 1695, ce quartier dont le nom signifiait « au-delà du mont » est aujourd'hui habité principalement par les classes aisées francophones. On y trouve quelques-unes des plus belles maisons de Montréal, notamment avenue Maplewood

où s'alignent des demeures aux architectures variées. Ses rues principales, l'avenue Laurier et la partie ouest de la rue Bernard, abritent de nombreuses boutiques de luxe, des salons de coiffure à la mode et des restaurants chic, ainsi que la meilleure fromagerie du pays, celle de Pierre-Yves Chaput, et l'excellente pâtisserie de Gascogne. Constitué d'un véritable dédale de ruelles, ce quartier est l'un des rares de la ville où il soit encore possible (et agréable) de se perdre.
Plan C1 • Fromagerie Yannick : 1218, rue Bernard • Pâtisserie de Gascogne : 237, av. Laurier.

9 Petite Italie

Les Canadiens d'origine italienne font partie intégrante de la personnalité de la ville. Ils forment d'ailleurs la plus grande communauté d'immigrants de la ville. Leur présence remonte au début du XIXe siècle. Si la majorité des cafés et des restaurants se trouvent sur le boulevard Saint-Laurent, le cœur de la petite Italie est situé entre les rues Jean-Talon, Saint-Zotique, Marconi et l'avenue Drolet. C'est là, de préférence, que l'on ira déguster une délicieuse pizza, un plat de pâtes ou boire un bon café. *Métro Jean-Talon.*

10 Marché Jean-Talon

Se promener dans le marché Jean-Talon, c'est comme partir en voyage avec sa profusion de fruits et de légumes frais en provenance des quatre coins du Québec, ses spécialités italiennes importées, ses petits plats faits maison... Il abrite également le marché des saveurs du Québec, qui propose des spécialités de la province.
Métro Jean-Talon.

Un jour autour de Mont-Royal

Prenez le bus n°11 à la station de métro Mont-Royal et remontez l'**avenue du Mont-Royal**. Vous apercevez le **Parc olympique** *(p. 14-17)* à l'est.
Descendez à l'arrêt **Lac aux Castors** *(p. 9)* et faites le tour du plan d'eau en suivant le sentier. Prenez le chemin Olmsted sur la gauche et traversez le jardin des sculptures du Symposium.
Continuez jusqu'à la **maison Smith** *(p. 14-17)*, où vous pourrez découvrir l'exposition organisée par l'association des Amis de la Montagne.

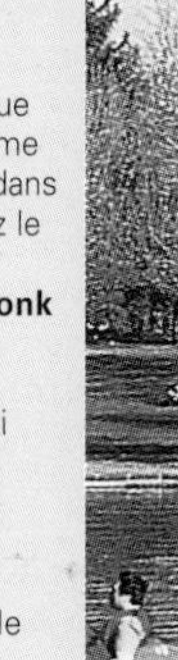

Reprenez le chemin Olmsted jusqu'à la plaque commémorative du même nom qui est encastrée dans un rocher, puis rejoignez le chalet principal et le **belvédère de Kondiaronk** *(p. 8)*. Il offre une vue magnifique sur la ville. Reprenez le chemin qui passe en-dessous du chalet, tournez à droite et rejoignez **la Croix** *(p. 8)*, un monument emblématique de la ville de Montréal.

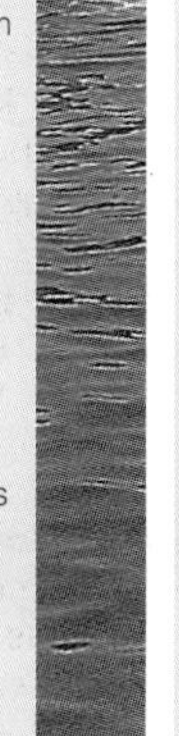

Prenez le bus à la maison Smith, retournez à la station de métro Mont-Royal, puis remontez l'avenue du Mont-Royal dans la direction de l'est. Vous aurez l'embarras du choix de cafés pour déjeuner dans cette rue très animée.

L'après-midi

Vous pouvez faire du shopping dans les boutiques du quartier (les meilleures se trouvent rue Saint-Denis) ou vous détendre, si le temps le permet, dans le **parc Lafontaine** *(p. 36)*.

Gauche **Zinc Café Bar Montréal** Droite **Artémise et Aubépine**

TOP 10 Bars et cafés

1 Moe's Deli and Bar
C'est l'endroit idéal pour faire une pause à côté du Parc olympique. Cette chaîne de snack-bars accueille régulièrement des fans de hockey et de base-ball venus assister à des matches en direct à la télévision.
3950, rue Sherbrooke Est • métro Pie-IX.

2 Zinc Café Bar Montréal
Ce bar convivial offre un excellent choix de bières à une clientèle constituée principalement d'artistes et d'étudiants.
1148, av. du Mont-Royal Est • plan E2.

3 Bily Kun
Ce petit pub qui brasse sa propre bière est devenu un lieu très à la mode.
354, av. du Mont-Royal Est • plan E2.

4 Artémise et Aubépine
Cet épicier-restaurateur remporte un très grand succès avec ses plats de poisson, de viandes et de légumes issus de l'élevage biologique. Il vend également des herbes médicinales et des plats à emporter.
1610, rue Marie-Anne Est • plan E2 • AH.

5 Café Rico
Stéphane Tamar Kordahi a créé le Café Rico sous les auspices du commerce équitable. Il y règne une ambiance chaleureuse et musicale et flotte continuellement un parfum de café torréfié.
969, rue Rachel Est • plan E2.

6 Aux Deux Maries
C'est l'une des meilleures maisons de café de la rue Saint-Denis. Ses propriétaires torréfient eux-mêmes leurs cafés, qu'ils importent directement du Costa Rica, du Kenya, de l'Éthiopie et d'ailleurs. L'atmosphère et les desserts valent aussi le détour.
4329, rue Saint-Denis • plan E2 • AH.

7 Bières et Compagnie
De la musique celte, des bières brassées maison et importées, et une clientèle éclectique.
4350, rue Saint-Denis • plan E2.

8 Vol de Nuit
Ce bar incontournable possède l'une des meilleures terrasses de la ville, donnant sur une rue piétonnière très animée.
14, rue Prince-Arthur • plan D3.

9 El Zaz Bar
Le célèbre festival Les Tam-tams de Montréal, qui en été chaque dimanche investit le parc du Mont-Royal *(p. 9)*, se replie sur l'El Zaz en hiver et en cas de mauvais temps. On y dispense aussi des cours de percussion.
4297, rue Saint-Denis • plan E2 • (514) 288 9798.

10 Elsie's Bar
Un bar de quartier apprécié des musiciens, des artistes et de la bohème de Montréal. Un lieu relativement calme dans un quartier pourtant animé. Cuisine sans prétentions.
156, rue Roy Est • plan E2.

Fruits Folies

Catégories de prix

Pour un repas avec entrée, plat et dessert, une demi-bouteille de vin, taxes et service compris.		
	$	moins de 20 $
	$$	entre 20 et 40 $
	$$$	entre 40 et 55 $
	$$$$	entre 55 et 80 $
	$$$$$	plus de 80 $

Top 10 Restaurants

1 Fruits Folies

Asseyez-vous sur la terrasse et régalez-vous d'une délicieuse crêpe ou d'un bon sandwich, suivi d'un café bien fort. Service impeccable. *3817, rue Saint-Denis • plan E2 • (514) 840 9011 • $$.*

2 Ty-Breiz Crêperie bretonne

Toutes les meilleurs recettes de la cuisine bretonne traditionnelle : galettes au blé noir, soupe à l'oignon, crêpes garnies aux fruits de mer, aux saucisses et aux fruits. *933, rue Rachel Est • plan E2 • (514) 521 1444 • AH • $$.*

3 TOQUE !

L'un des meilleurs restaurants de Montréal. La présentation est aussi originale que les recettes. Réservation obligatoire. *3841, rue Saint-Denis • plan E2 • (514) 499 2084 • $$$$$.*

4 Mazurka

Le *bortsch*, les *wienerschnitzel* et la saucisse polonaise sont quelques-unes des nombreuses spécialités de ce restaurant d'Europe de l'Est, qui déborde de personnalité. *64, rue Prince-Arthur Est • plan D3 • (514) 844 3539 • $.*

5 Patati Patata Friterie Deluxe

En plus de servir un délicieux petit déjeuner, on peut s'y sustenter midi et soir d'un rôti de bœuf ou du traditionnel *fish and chips*. Bonne musique. Service irréprochable. *4177, bd Saint-Laurent • plan D2 • (514) 844 0216 • $.*

6 Savannah

Ce restaurant propose un menu de *fusion food* où figurent un succulent *jambalaya* aux crevettes géantes et un pain de maïs délicieux. *4448, bd Saint-Laurent • plan D2 • (514) 904 0277 • AH • $$$.*

7 Wilensky's Light Lunch

Ce restaurant juif est réputé pour ses salamis grillés et ses sandwiches au saucisson. *34, av. Fairmont Ouest • plan D1 • (514) 271 0247 • ferm. sam.-dim. • AH • $.*

8 Moishe's

Ce restaurant spécialisé dans les grillades réputé pour ses steaks assaisonnés à l'aneth. *3961, bd Saint-Laurent • plan D2 • (514) 845 3509 • AH • $$$.*

9 LeLe da Cuca

Apportez votre vin pour arroser ces spécialités mexicaines et brésiliennes. *70, rue Marie-Anne Est • plan D2 • (514) 849 6649 • $$.*

10 La Gaudriole

Une excellent rapport qualité / prix. Essayez le foie gras avec de la compote d'airelles. *825, av. Laurier Est • plan E1 • (514) 276 1580 • AH • $$$.*

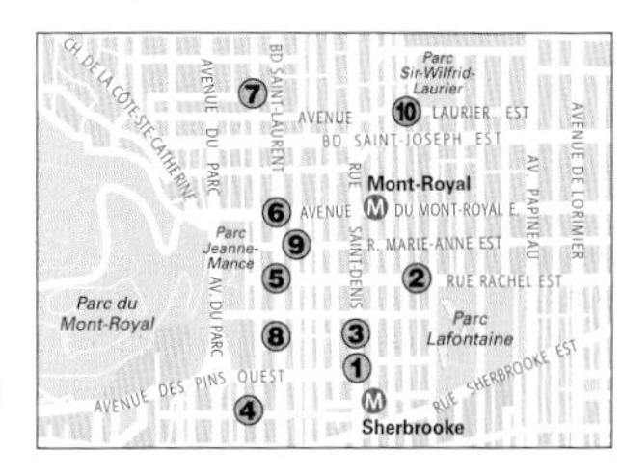

***Remarque** : sauf indication contraire, tous les restaurants acceptent les cartes de paiement et proposent des plats végétariens.*

Gauche **Mille-Îles** Droite **Traversier d'Oka, sur le lac des Deux-Montagnes**

Autour de Montréal

Chaque vendredi soir et samedi matin, les ponts de Montréal sont littéralement pris d'assaut par les habitants de la ville. Il semblerait que tout le monde veuille profiter du week-end pour se mettre au vert. La région a tellement à offrir, avec les Laurentides et les villages et collines de Cantons de l'est à portée de main, que quelques heures de voyage suffisent parfois pour s'évader. En plus des traditionnelles randonnées pédestres en été et du ski en hiver, on peut également faire du bateau sur les nombreux cours d'eau qui, de Sainte-Anne-de-Bellevue, mènent à la rivière des Outaouais, à Trois-Rivières et à l'océan Atlantique. L'été, ce sont les belles plages du parc national d'Oka, du lac Memphrémagog et du lac des Sables qui attirent les foules de sportifs et de visiteurs.

TOP 10 À ne pas manquer

1. Les Laurentides
2. Outaouais
3. Hudson et Rigaud
4. Mille-Îles
5. Deux-Montagnes
6. Lanaudière
7. Montérégie
8. Parc national du Canada de la Mauricie
9. Trois-Rivières
10. Cantons de l'Est

Ville des Laurentides

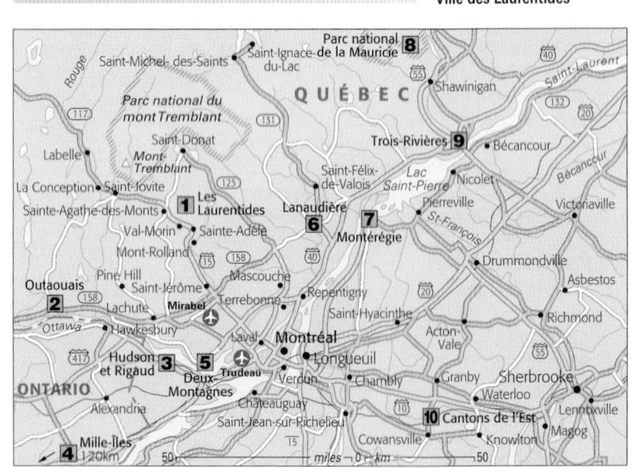

Piste de ski dans les Laurentides

1 Les Laurentides

À moins d'une heure des embouteillages de Montréal, la splendide chaîne des Laurentides offre un vaste choix d'activités. L'été, on y nage, on y pêche, on y chasse, à moins de préférer le rafting, le cheval, le golf ou l'escalade. On peut aussi ne rien faire du tout, et profiter du paysage. L'hiver appartient aux skieurs (de piste et de fond), aux amateurs de toboggan, de snowboard et d'escalade sur glace *(p. 30-31)*.

2 Outaouais

Cette région de lacs et de forêts, située à l'ouest de Montréal, ne fut pas occupée par les Européens avant le début du XIXe siècle, ce qui explique en partie son caractère sauvage. Le parc Oméga, à la sortie de Montebello, s'étend sur 600 ha abritant des bisons, des cerfs wapiti, des ours bruns, des sangliers et des loups. Un peu plus loin, en suivant la rivière des Outaouais, le parc national de Plaisance est célèbre pour ses oies canadiennes. À Montebello, le manoir Louis-Joseph Papineau, une demeure du XIXe siècle, possède une belle collection d'antiquités. *Plan N5 • Parc Oméga : 399, route 323 N • Papineau : 500, rue Notre-Dame, Montebello ; ouv. mai-juin : mer.-dim. 10h-17h, juil.-août : t.l.j. 10h-17h, sept.-mi-oct. : sam.-dim. 10h-17h ; EP.*

3 Hudson et Rigaud

Situés dans les collines qui bordent la rivière des Outaouais, les villages de Hudson et Rigaud sont des destinations touristiques très appréciées, à l'ouest de Montréal. Fondé par les Britanniques, Hudson est réputé pour ses nombreuses demeures historiques, ses belles propriétés, ses magasins d'antiquités, ses galeries d'art et ses cafés. C'est le point de départ de nombreuses randonnées équestres.
On y fait également de la voile sur la rivière Ottawa. Le village francophone de Rigaud abrite de jolies églises, des couvents, des auberges et des fermes. *Plan N6.*

4 Mille-Îles

Ces îles sont l'un des lieux de villégiature préférés des habitants de Montréal et un haut lieu du tourisme canadien. On peut y accéder en train ou en voiture. Situées à deux heures à l'ouest de la frontière de l'Ontario et du Québec et réparties sur les 80 km qui séparent Brockville de Kingston, ces 1865 îles ont été sculptées à la fin du dernier âge de glace dans de la roche métamorphique. Le parc national des Îles-du-Saint-Laurent en regroupe quelques-unes parmi les plus belles. Onze offrent des possibilités de camping. *Route 401 • Croisières : Saint Lawrence Cruise Lines 1-800 267 7868 • www.stlawrencecruiselines.com*

Pour le détail des activités en plein air dans les environs de Montréal **p. 48-49**

Montérégie

5 Deux-Montagnes

Situé à 30 minutes de route de Montréal, ce village fut fondé à l'époque des Français par la congrégation sulpicienne. Perpétuant une tradition instaurée par les prêtres, les agriculteurs de la région sont célèbres dans toute la province pour la qualité de leurs produits, à commencer par le fameux fromage d'Oka. Le parc national d'Oka offre de nombreuses activités de plein air. *Plan N6.*

6 Lanaudière

S'étendant entre la vallée du Saint-Laurent et le plateau des Laurentides, cette région est composée de forêts, de lacs, de rivières et de terres agricoles. Le tout se trouve à quelques heures de Montréal. Le Festival de Lanaudière de musique classique y organise tous les ans, entre la fin juin et le début août, des concerts en plein air et dans les églises anciennes de Joliette. *Plan P5 • www.lanaudiere.ca*

Les ponts de Montréal

Entrer et sortir de Montréal n'est pas toujours aussi simple qu'il y paraît. Faites bien attention aux panneaux qui signalent des ponts car une fois engagé, il vous sera impossible de faire demi-tour avant d'être arrivé sur l'autre rive. Quinze ponts et un tunnel commandent l'accès de la ville.

7 Montérégie

Pour atteindre cette vaste région de plaines, de forêts et de villages historiques, il faut traverser le pont Champlain et suivre les panneaux pour la route 10 en direction de l'est. Prendre ensuite la route 133 (appelée route des Patriotes en souvenir des soldats qui combattirent les Britanniques en 1837) jusqu'à Sorel, une des plus anciennes villes du Canada. On peut visiter les îles aux alentours de la ville en bateau. La région est surtout connue pour ses pommeraies, son cidre et ses nombreuses places fortes destinées à défendre ses habitants contre les attaques des Britanniques et des Hollandais. Le fort Chambly, qui se trouve à Saint-Denis, date du XVIIIe siècle et est remarquablement bien préservé. *Plan P5*

• www.tourisme-monteregie.qc.ca • fort Chambly : 2 rue Richelieu, Saint-Denis ; ouv. mars-nov. : t.l.j. 10h-18h ; EP.

8 Parc national du Canada de la Mauricie

C'est l'une des plus belles régions de forêts, de lacs et de montagnes du Canada. Ce parc ne se trouve qu'à deux heures de route de Montréal et de Québec. Il attire toute l'année les amateurs de vie en plein air. On peut y faire du camping en été. Le lac Wapizagongke, très apprécié des pêcheurs, regorge de truites et de brochets. *Plan P4 • ouv. mai-nov. • AH • EP • www.pc.gc.ca*

9 Trois-Rivières

Fondée par sieur de Laviolette en 1634, la ville fut presque entièrement détruite par un incendie en 1908. Seuls quelques vestiges de

Monastère des Ursulines, Trois-Rivières

l'ancien mur d'enceinte demeurent. La ville est devenue l'un des plus grands centres de production de pâte à papier du monde. Le monastère des Ursulines domine le paysage. Il possède une très jolie église, entourée d'un parc. La rue des Forges abrite de nombreux restaurants, bistros et cafés.

Plan Q5 • www.v3r.net

10 Cantons de l'Est

Il s'agit de la région comprise entre le Saint-Laurent, la rivière Richelieu et les états américains du Vermont, du New Hampshire et du Maine. Elle doit beaucoup de son attrait à la chaîne des Appalaches, qui offrent de merveilleux parcours de randonnée au départ d'Owl's Head, des monts Sutton, Bromont et Orford.

Les paisibles petits villages de la région furent fondés par des colons britanniques au XIXe siècle. Leurs maisons victoriennes ont depuis été reconverties en cafés et en magasins d'antiquités *(p. 84-85)*.

Plan Q6 • www.tourisme-cantons.qc.ca

Un jour à Val-David sur les traces du « P'tit Train du Nord »

Le matin

Commencez par prendre la route 15, l'autoroute des Laurentides, dans la direction du nord jusqu'à la sortie 117, pour rejoindre le village de **Val-David** *(p. 31)*. La municipalité *(2501, rue de l'Église)* met des cartes des environs et des prospectus à votre disposition.

Descendez la rue de l'Église pour visiter la galerie des 1001 Pots et sa boutique de cadeaux *(2435, rue de l'Église)*. En exposant le travail de plus de 50 artisans québécois, elle s'est constitué une des plus grandes collections de céramiques du pays.

Remontez la rue de l'Église et prenez la rue de la Sapinière pour aller déjeuner à l'excellent hôtel de la Sapinière *(1244, chemin de la Sapinière • 1-800 567 6635 • $$$)*.

L'après-midi

Après le déjeuner, explorez la **piste du « P'tit Train du Nord »** *(p. 48)*, 200 km de voie ferrée reconvertis en chemin de randonnée qui traverse les Laurentides. En été, on peut parcourir la piste en vélo, et en hiver, en ski de fond. Phénix Sport loue des bicyclettes *(2444, rue de l'Église)*.

De retour à Val-David, s'il vous reste un peu d'énergie, visitez le Village du Père Noël *(987, rue Morin)*, un lieu d'attractions et un magasin ouverts toute l'année. Offrez-vous un dîner traditionnel québécois au **restaurant Le Petit Poucet** *(p. 87)*.

Avant de partir en randonnée sur la piste du « P'tit Train du Nord », assurez-vous que vous avez une bonne paire de chaussures.

Gauche **Lac Brome, Knowlton** Milieu **Église, région Memphrémagog** Droite **Sherbrooke**

TOP 10 Visite des cantons de l'Est

1 Zoo de Granby

Depuis plus de 50 ans, ce zoo abrite une ménagerie comprenant quelque 250 espèces d'animaux exotiques. *525, rue Saint-Hubert • plan Q6 • ouv. mai-oct. : sam.-dim. 10h-18h • EP.*

2 Parc national du Mont-Orford

Se dressant majestueusement au-dessus de l'autoroute des cantons du Nord, le mont Orford domine les 57 km² du parc national, haut lieu de loisirs en plein air. *3221, chemin du Parc, Orford • plan Q6.*

3 Knowlton

Situé sur les rives du lac Brome, dans un cadre idyllique, ce village anglophone du XIXe siècle attire de nombreux vacanciers. *Plan Q6.*

4 Lac Memphrémagog

Cet immense lac est le paradis des amateurs de bateaux. Quant à la Traversée internationale qui chaque année attire des milliers de participants, elle se fait à la nage… *Plan Q6.*

5 Abbaye de Saint-Benoît-du-Lac

Cette abbaye, qui surplombe le lac Memphrémagog, fut bâtie en 1913 par des moines bénédictins. On peut y entendre chaque jour à 17 h des chants grégoriens. *Saint-Benoît-du-Lac • plan Q6 • ouv. 5h30-21h • EG.*

6 Chemin des vignobles de l'Estrie

Un sous-sol schisteux et un climat ensoleillé ont permis à cette région de développer une importante activité viticole, comme une virée le long de la route du vin (route 202), entre Dunham et Saintanbridge Est, permet de le constater. *Plan P6.*

7 Frelighsburg

Cette paisible petite ville, nichée au pied du mont Pinnacle, à deux pas de la frontière américaine, attire de nombreux artistes et photographes. *Plan P6.*

8 Lennoxville

C'est l'une des rares villes du Québec à être demeurées majoritairement anglophone tout au long de l'histoire mouvementée de la province. Elle abrite aujourd'hui la *Bishop University and College* ainsi que l'*Uplands Cultural and Heritage Museum*, qui retrace l'histoire de la ville. *Plan Q6 • Uplands Cultural and Heritage Museum : 9, rue Speid, ouv. mar.-dim. 13h-16h30, EP.*

9 Sherbrooke

Le centre économique des cantons de l'Est est traversé par la rivière Saint-François. Bien qu'abritant une importante communauté anglophone, la ville est majoritairement francophone. *Plan Q6.*

10 Parc de la Gorge de Coaticook

Se déployant autour d'une gorge naturelle de 50 m de profondeur, ce parc se prête à toutes les promenades *(p. 86)*. *Plan Q6.*

Catégories de prix

Pour un repas avec entrée, plat et dessert, une demi-bouteille de vin, taxes et service compris.		
	$	moins de 20 $
	$$	entre 20 et 40 $
	$$$	entre 40 et 55 $
	$$$$	entre 55 et 80 $
	$$$$$	plus de 80 $

Salon de thé Cœur Soleil

TOP 10 Restaurants des cantons de l'Est

1 Café Massawippi

Ici, cuisine et service sont irréprochables, voire inoubliables. Essayez le filet mignon de porc avec des endives braisées caramélisées, la compote de poires et le fromage de chèvre à l'estragon. *3050, chemin Capelton, North Hatley • plan Q6 • (819) 842 4528 • ferm. dim.-lun. et nov.-mai • $$$$.*

2 Salon de thé Cœur Soleil

Cette demeure victorienne, son jardin, sa galerie d'art et son salon de thé, est un lieu idéal où se mettre à l'abri de l'agitation du monde. Ne manquez pas la belle collection d'antiquités. *330, chemin de la Rivière, North Hatley • plan Q6 • (819) 842 4440 • $.*

3 La Maison d'Élise

Le poisson est succulent (nous sommes après tout au pays de la truite...), ce qui n'enlève rien aux mérites du gibier local. *482, rue Principale, Eastman • plan Q6 • (450) 297 4632 • AH • $$$.*

4 L'Extra sur la Rive

Situé sur les rives d'un lac, le menu de l'Extra est un mélange astucieux de cuisine française et de spécialités exotiques. *3502, rue Agnès, lac-mégantic • plan Q6 • (819) 583 2565 • AH • $$.*

5 La Tablée du Pont Couvert

Le chef-propriétaire André La Palme propose des soirées épicuriennes : cinq plats accompagnés de quatre vins différents. Réservation obligatoire. *5675 route 147, R.R.2 Milby, Lennoxville • plan Q6 • (819) 837 0014 • $$$.*

6 Auberge West Brome

La luxueuse auberge West Brome vous propose son succulent canard local et d'autres spécialités régionales, ainsi que l'hospitalité pour la nuit. *128-111, route 139, West Brome • plan Q6 • (450) 266 7552 • AH • $$$.*

7 L'Œuf

Ce restaurant apprécié des gourmets est réputé pour l'originalité de son menu et pour les chocolats faits maison qui sont offerts à la fin de chaque repas. *229, chemin Mystic, Mystic • plan P6 • (450) 248 7529 • ferm. lun.-mar • $$$.*

8 Manoir Hovey

Situé dans la magnifique ville de North Hatley, cet établissement, qui a reçu plusieurs prix prestigieux propose des préparations de produits régionaux. Le service est attentionné et le décor raffiné. *575, chemin Hovey, North Hatley • plan Q6 • (819) 842 2421 • $$$$$.*

9 Aux Berges de l'Aurore

Cette auberge romantique propose du chevreuil, du sanglier et une délicieuse mousse de sirop d'érable. *139, route du Parc, Notre-Dame-des-Bois • plan Q6 • (819) 888 2715 • ferm. nov.-avr. • $$$.*

10 McHaffy

Ce restaurant français propose de nombreuses spécialités régionales, du foie gras, de l'agneau succulent ainsi qu'une excellente sélection de vins québécois. *351, rue Principale, Cowansville • plan Q6 • (450) 266 7700 • AH • ferm. lun. • $$$.*

***Remarque :** sauf indication contraire, tous les restaurants acceptent les cartes de paiement et proposent des plats végétariens.*

Gauche **Collines au pied du mont Sutton** Droite **Lac Mégantic**

TOP 10 Sites naturels

1 Baie de Missisquoi
C'est sur les terres ancestrales du peuple Abenki, une région verdoyante située dans la partie occidentale des cantons de l'Est, que vinrent s'établir de nombreux loyalistes après la Révolution américaine. *Plan P6.*

2 Vergers
C'est à Montérégie que l'on produit sans doute les meilleures pommes de la province, mais les cantons de l'Est abritent également d'autres vergers, dans les environs de Dunham, de Brigham, de Compton et de Stanbridge. *Plan Q6.*

3 Lac Brome
Kowlton, Iron Hill, East Hill et West Brome : les villages des rives du lac Brome ont su conserver le charme suranné des premières colonies. *Plan Q6.*

4 Mont Sutton
Depuis son ouverture en 1960, le domaine skiable de mont Sutton s'est bâti une excellente réputation. *Plan Q6.*

5 Route Saint-Armand
La seigneurie Saint-Armand fut offerte par le roi de France à René Nicolas Levasseur en 1748. Les chemins de campagne qui relient Vale Perkins, sur les rives du lac Memphrémagog, au village de Saint-Armand, traversent l'immense propriété. *Plan Q6.*

6 Mont Owl's Head
Le domaine skiable de cette station familiale qui surplombe le lac Memphrémagog est rattaché à celui du mont Orford *(p. 84).* Ensemble, ils possèdent certaines des plus belles pistes du Québec. *Plan Q6.*

7 Lac Massawippi
Sir Anthony Hopkins et Nicole Kidman font partie des habitués du manoir Hovey *(p. 116).* Le Festival du lac Massawippi accueille chaque année entre avril et fin juin de nombreux musiciens. *Plan Q6.*

8 Parc de la Gorge de Coaticook
Il y a plus de 50 000 ans, le glacier du Wisconsin, en fondant, donna naissance au lac Coaticook et à la rivière qui s'écoule au fond de cette gorge encaissée. Le pont suspendu est l'une de ses principales attractions *(p. 84).* *Plan Q6.*

9 Parc national du Mont-Mégantic
Installé dans un magnifique parc naturel, le centre de recherche en astronomie ainsi que l'observatoire attirent des chercheurs du monde entier. *Route 257.*

10 Lac Mégantic
Situé aux pieds des Appalaches, ce lac paisible possède une jolie plage et propose de nombreuses activités. *Route 161.*

Produits à base de sirop d'érable

Catégories de prix

Pour un repas avec entrée, plat et dessert, une demi-bouteille de vin, taxes et service compris.		
	$	moins de 20 $
	$$	entre 20 et 40 $
	$$$	entre 40 et 55 $
	$$$$	entre 55 et 80 $
	$$$$$	plus de 80 $

TOP 10 Restaurants

1 Sucrerie de la Montagne

La célèbre maison de sucre d'érable de Pierre Faucher propose quelques grands classiques de la cuisine québécoise traditionnelle : soupe de pois, tourtière (un pâté en croûte), *baked beans* cuits au feu de bois, jambon braisé au sirop d'érable et gâteaux au sucre d'érable. *300, rue Saint-Georges, Rigaud • plan N6 • (450) 451 0831 • AH • $$$.*

2 Ferme apicole Intermiel

Cette ferme met à la disposition de ses visiteurs des aires de pique-nique et leur propose de nombreuses friandises comme des cookies et des tresses au miel. *10291, rang de la Fresnière, Mirabel • plan N5 • (450) 258 2713 • ferm. le soir • AH • $.*

3 Cap Saint-Jacques Maison de la ferme écologique

Visitez une ferme d'agriculture biologique, faites un tour dans les étables, puis mangez un bon hamburger, une soupe, un plat de pâtes ou une salade en terrasse. *20099, bd Gouin Ouest, Pierrefonds • plan N6 • (514) 280 6743 • ferm. le soir • AH • $$.*

4 Perkins Bakery

On y trouve du pain, des muffins, des confiseries et des gâteaux faits maison. On peut aussi y manger une soupe ou un sandwich, à l'intérieur ou en terrasse. *280, rue Owl's Head, Mansonville • plan Q6 • (450) 292 3160 • AH • $.*

5 Bistro des Artistes

Ce bistro sert un délicieux bœuf bourguignon et un médaillon de cerf au calvados. *116, rue des Remparts, Mont-Tremblant • plan N5 • (819) 681 4606 • AH • $$$.*

6 Willow Inn

Entourée de lacs et de collines, cette auberge décontractée sert du *fish and chips* dans le pub et propose un menu plus élaboré dans le restaurant. *280, rue Main, Hudson • plan N6 • (450) 458 7006 • AH • $$$$.*

7 Rôtisserie du Petit Poucet

Le chef, Réjean Campeau, propose de délicieux jambons fumés à l'érable et des tartes au sucre. *1030, route 117, Val-David • plan N5 • (819) 322 2246 • AH • $$$.*

8 L'Eau à la bouche

Ce membre du très prestigieux Relais & Châteaux saura éblouir les clients les plus exigeants par sa cuisine internationale. *3003, bd Sainte-Adèle, Sainte-Adèle • plan N5 • (410) 229 2991 • $$$$$.*

9 Le Bistro à Champlain

Cuisine française étoilée et une excellente carte des vins. *75, chemin Masson, Sainte-Marguerite-du-lac-Masson • plan N5 • (450) 228 4988 • ferm. le midi et lun.-mar • AH • $$$$.*

10 Au Tournant de la Rivière

Le chef, Jacques Robert, laisse champ libre à sa passion pour les champignons en leur dédiant ses plus belles créations, comme son veau à l'estragon et aux champignons. *5070, rue Salaberry, Carignan • route 155 • (450) 658 7372. • ferm. le midi et lun.-mer • AH • $$$$$.*

Remarque : *sauf indication contraire, tous les restaurants acceptent les cartes de paiement et proposent des plats végétariens.*

Gauche **La Citadelle** Droite **Marché du Vieux-Port**

Québec

La première implantation européenne en ce lieu remonte à 1609. Tout au long de ses quatre siècles d'histoire, la ville de Québec a été l'enjeu de conflits incessants entre francophones et anglophones – ces dissensions se manifestent encore de manière sporadique dans ce berceau du séparatisme francophone. L'attrait de la ville est à la mesure des querelles qu'elle a toujours suscitées. La proximité du fleuve, ses monuments historiques et le charme incomparable de ses ruelles pavées ont valu à la ville d'être classée au Patrimoine mondial par l'Unesco en 1985. Agrippée au cap Diamant, surplombant le Saint-Laurent et les Laurentides, elle abrite une communauté francophone fière de sa culture, de son architecture, de ses églises, de sa cuisine et de tout ce que sa ville a à offrir.

TOP 10 À ne pas manquer

1. La Citadelle
2. Musée de la Civilisation de Québec
3. Parc des Champs-de-Bataille
4. Château Frontenac
5. Place Royale
6. Observatoire de la capitale
7. Quartier du Petit-Champlain
8. Marché du Vieux-Port
9. Place de l'Hôtel de ville
10. Faubourg Saint-Jean-Baptiste

Quartier du Petit-Champlain

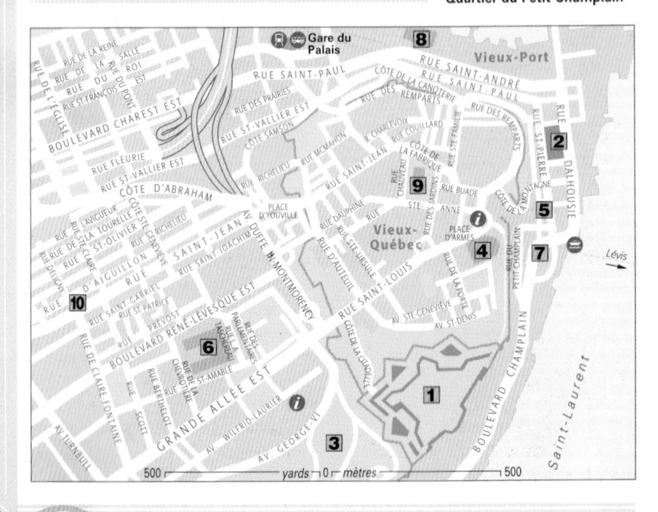

1 La Citadelle

Perchée sur le cap Diamant, occupant une position stratégique, la forteresse fut bâtie à des fins principalement dissuasives. Pour se faire une idée de cette force de persuasion, rien de tel que d'assister à une des canonnades qui sont organisées en été *(p. 22-23)*.

2 Musée de la Civilisation de Québec

L'architecte Moishe Safdie s'est inspiré du style français des habitations du quartier pour concevoir cet immeuble moderne. L'intérieur futuriste raconte une autre histoire : mêlant des expositions interactives à des décors d'époque reconstitués, il abrite une collection hétéroclite d'icônes religieuses, de meubles et d'objets de l'ancienne Québec. Le musée organise aussi régulièrement des expositions sur la place Royale et au musée de l'Amérique française, à diverses périodes de l'histoire de la ville *(p. 24-45)*.

3 Parc des Champs-de-Bataille

Situé à l'intérieur d'une ancienne

Façade du musée de la Civilisation de Québec

Forteresse du parc des Champs-de-Bataille

prison, qui s'appelle désormais le pavillon Baillairgé, le Centre d'interprétation du parc des Champs-de-Bataille permet de se familiariser avec l'un des événements les plus importants de l'histoire canadienne. Un spectacle multimédia relate les batailles qui secouèrent la région de 1759 et de 1760, culminant avec la défaite des Français sur les plaines d'Abraham *(p. 32)*. Une impressionnante peinture murale réalisée par l'artiste québécoise Aline Martineau illustre la création du parc dans les années 1930 et ses modifications subséquentes *(p. 37)*. *Plan K6 • ouv. mar.-dim. 10h-17h30 • EP.*

4 Château Frontenac

C'est le monument le plus photographié de la ville. Cet imposant hôtel aux toitures vert de gris est un véritable joyau architectural. Conçu par l'architecte Bruce Price dans l'esprit des châteaux français, il fut inauguré en 1893. Depuis plus d'un siècle, l'hôtel a vu défiler dans ses somptueux salons et jardins des têtes couronnées, des magnats de l'industrie et des stars du grand écran. Des visites guidées sont possibles *(p. 112)*.

Trompe-l'œil

Le quartier Saint-Roch possède de très beaux trompe-l'œil, dans la rue Charest Est. Le talent et l'énergie de plusieurs artistes du graffiti, dirigés par un peintre confirmé, furent mis à contribution pour décorer les piliers en ciment de l'autoroute. Le succès remporté par leur travail encouragea les artistes à créer leur propre société pour commercialiser leur savoir-faire. Outre la fresque des Québécois, on peut aussi voir celles du Petit-Champlain et de l'Hôtel-Dieu de Québec.

5 Place Royale

C'est ici que Samuel de Champlain fonda le premier village de Nouvelle-France en 1608. Depuis cette époque, la place est demeurée au cœur de toutes les célébrations de la ville. Les armateurs, les marchands, les membres du clergé etles citoyens de Nouvelle-France s'y rencontraient pour conduire leurs affaires, festoyer, se marier et enterrer leurs morts. De nos jours, les Fêtes de la Nouvelle-France mettent en scène chaque année des pièces de théâtre en costumes traditionnels et des concerts de musique folklorique. Ne manquez pas d'aller voir les peintures de Van Dyck à l'église Notre-Dame-des-Victoires. *Plan M5.*

Place Royale

6 Observatoire de la capitale

Le 31e étage de l'Observatoire de la capitale offre une vue spectaculaire sur la région environnante. Des écouteurs diffusant des explications pré-enregistrées en français, en anglais et en espagnol, sont mis à la disposition des visiteurs. La plupart des visites guidées de Québec commencent ou finissent par un tour de l'Observatoire. *1037, rue de la Chevrotière • plan J6 • ouv. t.l.j. 10h-17h (ferm. lun mi-oct.-mi-juin) • AH • EP.*

7 Quartier du Petit-Champlain

Après avoir abrité des artisans au XVIIe siècle et les travailleurs des quais de la ville au XIXe siècle, les maisons du quartier ont été transformées en boutiques. C'est ainsi que le plus vieux quartier de Québec est devenu l'un des plus animés. Beurre d'érable, macramé, berceaux en bois de cerisier : ce sont quelques-uns des nombreux produits de l'artisanat local que vous trouverez ici. Le quartier abrite également de nombreux cafés, des bars et des restaurants. *Plan M5.*

8 Marché du Vieux-Port

Le bassin Louise accueille le marché de la ville. C'est ici que les fermiers de l'île d'Orléans (p. 28-29) viennent vendre leurs produits, l'une des principales sources d'approvisionnement des restaurants de Québec. N'hésitez pas à demander à goûter les produits avant de les acheter, particulièrement chez Le Fromageur.

Le bâtiment au toit vert abrite un café où l'on peut déguster toutes sortes de spécialités locales.
160, quai Saint-André • plan L4.

9 Place de l'Hôtel de Ville

Au XVIIIe siècle, c'est sur cette place que se tenait le marché Notre-Dame. Aujourd'hui, elle continue d'attirer autant de monde qu'autrefois. L'été, la place accueille des musiciens ambulants et des acteurs de rue.
Plan L5.

Porte Saint-Jean

10 Faubourg Saint-Jean-Baptiste

Bâti au XVIIIe siècle pour défendre la ville contre les Britanniques, cet impressionnant portail en pierre attire aujourd'hui de nombreux touristes.
Il permet d'accéder à l'ancien chemin de ronde de la ville et à ses 4 km de remparts. Le quartier alentour, connu sous le nom de Montcalm, abrite un grand nombre de magasins vendant des spécialités québécoises, des librairies et des boîtes de nuit.
Le quartier est réputé pour la qualité de ses bistros et de ses restaurants.
Plan H5.

Une journée à la découverte de la vieille ville

Le matin

Commencez votre journée au **Château de Frontenac** *(p. 89)* pour profiter de sa vue sur le Saint-Laurent, la basse ville, le Vieux-Port et l'île d'Orléans *(p. 28-29)*. Prenez la **terrasse Dufferin**, une chaussée qui longe les flancs escarpés du cap Diamant, reconnaissable à ses beaux lampadaires, puis traversez les jardins du Gouverneur jusqu'au monument érigé en l'honneur de Wolf et de Montcalm, les généraux de la bataille des Plaines d'Abraham.

Reprenez la terrasse Dufferin et retournez au **quartier Petit-Champlain**, l'un des plus anciens centres de commerce européens d'Amérique du Nord, qui abrite aujourd'hui de nombreuses boutiques et des magasin de souvenirs.

Un déjeuner de fruits de mer au **Marie-Clarisse** s'impose *(p. 99)*.

L'après-midi

Si vous voulez vous dégourdir les jambes après le déjeuner, allez vous promener au bord du fleuve. Tournez à gauche dans la rue Dalhousie en direction du Vieux-Port, puis tournez de nouveau à gauche dans la rue Saint-André.
Vous voilà arrivé au merveilleux **marché du Vieux-Port**, où vous pourrez flâner tout l'après-midi sans vous ennuyer.

L'Aviatic bar restaurant situé dans la gare est l'endroit idéal pour prendre un verre *(450, rue de la Gare-du-Palais • plan K4)*.

Gauche **Porte Saint-Louis** Droite **Hôtel du parlement**

Top 10 Autres visites

1 Porte Saint-Louis

Considérés comme nécessaires au XVIIIe siècle pour garantir la sécurité de la ville, les murs d'enceinte furent dès le XIXe siècle critiqués par les marchands de Québec, comme une entrave à la libre circulation des biens. Cédant à leurs arguments, on fit percer de vastes ouvertures comme celle de la porte Saint-Louis. *Plan K5.*

2 Promenade des fortifications et Centre d'interprétation

Maquettes et documents d'époque retracent l'histoire des défenses de la ville. *100, rue Saint-Louis • plan K5 • ouv. mi-mai mi-oct. : t.l.j. 10h-17h • EP.*

3 Sanctuaire Notre-Dame du Sacré-Cœur

Bâti en 1910, ce petit chef-d'œuvre de l'architecture néogothique possède de beaux vitraux et d'innombrables ex-voto en marbre. *71, rue Sainte-Ursule • plan L5 • ouv. t.l.j. 7h-20h • EG.*

4 Musée de cire de Québec

Il est installé dans une demeure du XVIIe siècle. Les personnages historiques occupent le rez-de-chaussée, les contemporains sont au 1er étage. *22, rue Sainte-Anne • plan L5 • ouv. mai-sept. : t.l.j. 9h-22h, oct.-avr. : t.l.j. 10h-17h • EP.*

5 Centre d'interprétation de la vie urbaine

Quatre siècles d'histoire de Québec résumés en 12 installations multimédia. *43, côte de la Fabrique • plan L4 • ouv. t.l.j. 10h-17h • EG.*

6 Hôtel du parlement

On y débat encore des affaires de la province. *1045, rue des Parlementaires • plan K5 • ouv. t.l.j. 10h-17h • EG.*

7 Feux sacrés

Un son et lumières consacré à l'histoire de la ville et de la basilique Notre-Dame-de-Québec. *20, rue Buade • plan L5 • ouv. mai-oct. : lun.-ven 15h30-20h30, sam. et dim. 18h30-20h30 • EG.*

8 Musée Bon-Pasteur

Ce musée est consacré aux bonnes œuvres des sœurs du Bon-Pasteur. *14, rue Couillard • plan L4 • ouv. mar.-dim. 13h-17h • EG.*

9 Québec Expérience

Des hologrammes et des animations permettent de se familiariser avec l'histoire de la ville. *8, rue du Trésor • plan L5 • ouv. mai-oct. : t.l.j. 10h-22h, oct.-mai. : t.l.j. 10h-17h • EP.*

10 Traversier de Québec à Lévis

Cette traversée de dix minutes offre des superbes vues de la ville. *10, rue des Traversiers • plan M5.*

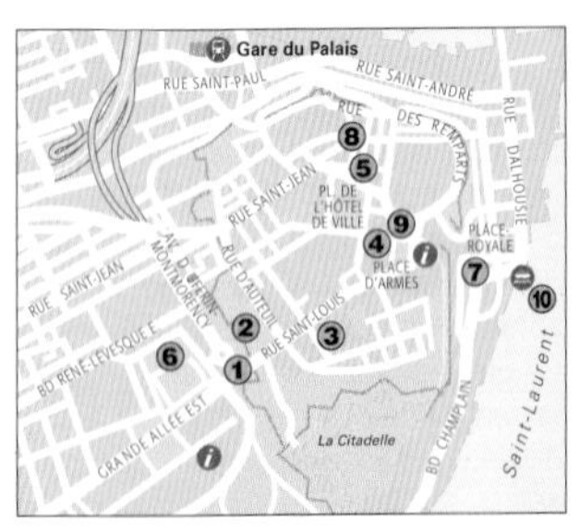

Gauche **Diorama, musée du Fort** Droite **Parc national de la Jacques-Cartier**

TOP 10 Autres attractions

1 Musée du Fort
L'histoire de la cité fortifiée est illustrée par un dioparama. *10, rue Sainte-Anne • plan L5 • ouv. t.l.j. 10h-19h • EP.*

2 Collection d'art inuit Brousseau
La vie quotidienne et la culture des Premières Nations vues à travers une collection de sculptures amérindiennes. *39, rue Saint-Louis • plan K6 • ouv. t.l.j. 9h30-17h30 • EP • www.artinuit.ca*

3 Belvédère du Bastion du Roy
Il offre des vues magnifiques sur l'île d'Orléans, le mont Sainte-Anne, le Saint-Laurent et la rive sud. *Situé au bout de la rue de la Porte • plan L5 • ouv. t.l.j. 9h30-17h30 • EG.*

4 Salle d'exposition des parcs du Canada
Cet immeuble classé du XIXe siècle accueille des expositions temporaires consacrées aux parcs nationaux du Canada. Nombreuses brochures disponibles. *3, rue Buade • plan L5 • ouv. t.l.j. 8h30-16h30 • EG.*

5 Glissades de la terrasse Dufferin
Fidèles aux traditions, les habitants de Québec aiment chaque hiver venir faire des glissades de toboggan à 70 km/h sur cette pente de glace de 250 m de long. *Plan L5 • ouv. mi-déc.-mi-mars : t.l.j. 11h-23h • EP.*

6 Verrerie la Mailloche
En plus de son musée et de sa boutique, cette verrerie traditionnelle est l'occasion de voir des souffleurs au travail. *58, rue Sous-le-Fort • plan M5 • ouv. 10h-midi, 13h-16h30 mer.-dim • EP.*

7 Canyon des chutes Sainte-Anne
À seulement 20 minutes de la ville, une série de cascades se précipitent dans un étroit canyon, formant un spectacle inoubliable. *Route 138 est, Beaupré • plan P3 • AH • EP.*

8 Chemin du Roy
Le route 138 relie Montréal à Québec en longeant le Saint-Laurent. Appréciée des cyclistes, qui l'appellent la Route verte, elle est équipée d'une piste cyclable en certains segments. *Plan P3.*

9 Parc national de la Jacques-Cartier
Situé à 40 km du centre-ville de Québec, les lacs et les montagnes de ce vaste parc sont propices aux activités en plein air. *325, chemin du Hibou, Stoneham • plan P2.*

10 Parc des Hautes-Gorges-de-la-Rivière-Malbaie
Ce site protégé par l'Unesco abrite un célèbre mur de glace et de pierre appelé la Pomme d'Or. On peut l'été visiter la zone en bateau. Accès par Saint-Aimé-des-Lacs, sur la rue Principale. *143, route Duchesnay, Sainte-Catherine-de-la-Jacques-Cartier • plan P2 • ouv. t.l.j. juin-oct. • www.sepaq.com*

Pages suivantes : **Rue du Petit-Champlain**

GESTION
EN TOURISME
DU QUÉBEC
INC.
·61·
STUDIO
LE PLEIN AIR
D'A BORD
LE COCHON
DINGUE
JOAILLIER
LOUIS
PERRIER

Gauche **Rue du Petit-Champlain** Droite **Marché du Vieux-Port**

TOP 10 Shopping et marchés

1 Simons

On y trouvera des vêtements pour toute la famille et un personnel extrêmement serviable. *20, côte de la Fabrique • plan L4 • AH.*

2 Rue du Petit-Champlain

Cette rue piétonnière fourmille de boutiques de mode, de magasins de souvenirs, de restaurants, de galeries d'art, de théâtres. Ne manquer ni le parc, ni le funiculaire *(p. 90)*.

3 Galeries de la capitale

C'est l'un des centres commerciaux les plus animés du pays, avec plus de 250 boutiques de mode, d'électronique et de meubles, des épiceries et des librairies. Un espace réservé aux enfants est doté d'une grande roue, de manèges et d'une patinoire. *5401, bd des Galeries, sur la route 301 • AH.*

4 Place Québec

Situé à côté de la porte Kent, cette galerie commerciale abrite de nombreux magasins, des cinémas et des restaurants. *880, autoroute Dufferin-Montmorency • AH.*

5 Place de la Cité

Situées au sud-ouest de la ville, ces trois galeries commerciales interconnectées sont le véritable temple du shopping. Avec la plus grande concentration de boutiques haut de gamme du Québec, on y trouve aussi bien des boutiques de mode que des épiceries fines. *2600, bd Laurier, jonction des routes 175 et 720, Sainte-Foy • AH.*

6 Marché du Vieux-Port

Ce marché de primeurs est le rendez-vous des maraîchers de la région *(p. 90)*.

7 Jean-Alfred Moisan

Fondée en 1871, cette épicerie est la plus ancienne de la province. On y trouve de tout : des condiments, un rayon boucherie, du pain, des pâtisseries et des fromages du monde entier. *699, rue Saint-Jean • plan J5 • AH.*

8 Promenades du Vieux-Québec

Cette petite galerie commerciale abrite le cinéma de la Québec Expérience *(p. 92)* et la boutique du royaume du Père Noël, où l'on peut acheter des décorations artisanales toute l'année. *43, rue Buade • plan L5.*

9 Marché public de Sainte-Foy

À mi-chemin entre une foire campagnarde et une épicerie moderne, ce marché permet de rencontrer les producteurs et de discuter avec eux. *939, av. Rolande-Beaudin, Sainte-Foy • route 440.*

10 La Carotte joyeuse

Ce spécialiste des produits de l'agriculture biologique propose également des plats cuisinés, des épices, des herbes aromatiques et médicinales. *690, rue Saint-Jean • plan J5.*

Gauche **Théâtre Petit Champlain** Droite **Frankie's Cabaret Club**

TOP 10 Vie nocturne

1 Grand Théâtre de Québec
Le Grand Théâtre est la résidence de l'Orchestre symphonique de Québec et de l'Opéra de Québec. Il accueille aussi régulièrement des musiciens venus du monde entier *(p. 41)*.
269, bd René-Lévesque Est • plan H6 • AH • www.grandtheatre.qc.ca

2 Voodoo Grill
Situé au 2e étage du complexe Maurice, ce restaurant d'inspiration africaine propose des spectacles musicaux.
575, rue Grande Allée Est • plan J6.

3 Frankie's Cabaret Club
Tous les lundis soir, Frankie's organise des soirées cabaret. On y sert une délicieuse sélection de viandes fumées locales.
48, côte de la Fabrique • plan L4.

4 Le Capitole
Ce complexe hôtelier, qui rassemble un restaurant, un cabaret et un théâtre, présente des spectacles hauts en couleurs d'artistes québécois et étrangers ainsi que des revues musicales.
972, rue Saint-Jean • plan K5.

5 Le Dag
Ce club de trois étages obtient un grand succès avec son mélange de musique *live* au rez-de-chaussée, sa disco classique à l'étage et son bar à cigares. Mieux vaut y aller après minuit. *600, rue Grande Allée Est • plan J6 • AH.*

6 Chez Maurice Complex
Ce concurrent du Dag se trouve sur le trottoir d'en face. Comportant lui aussi trois niveaux, son dernier étage abrite le bar Chez Charlotte. La discothèque Chez Maurice et le club des fumeurs Société Cigares occupent les étages inférieurs. *575, rue Grande Allée Est • plan J6 • AH.*

7 Le Vogue
Cette boîte de nuit à la mode attire un public jeune et fringant. *1170, rue d'Artigny • plan J6 • AH.*

8 Théâtre de la Bordée
Fondé en 1976, ce théâtre propose aussi bien des pièce de Shakespeare que d'auteurs contemporains, des performances et des lectures de poésie. Robert Lepage *(p. 39)* est un habitué des lieux. *315 rue Saint-Joseph Est • plan H4 • AH.*

9 Théâtre Petit-Champlain
En dépit de ses dimensions modestes, c'est un des meilleurs théâtres d'Amérique du Nord. Son ambiance, sa conception, sa situation, son répertoire de danse, de musique et de créations modernes : tout le recommande.
78, rue du Petit-Champlain • plan M5 • AH.

10 Le Merlin
Un bon restaurant et un bar à l'étage, un pub irlandais avec une piste de danse au rez-de-chaussée.
1175, av. Cartier • bus n° 10.

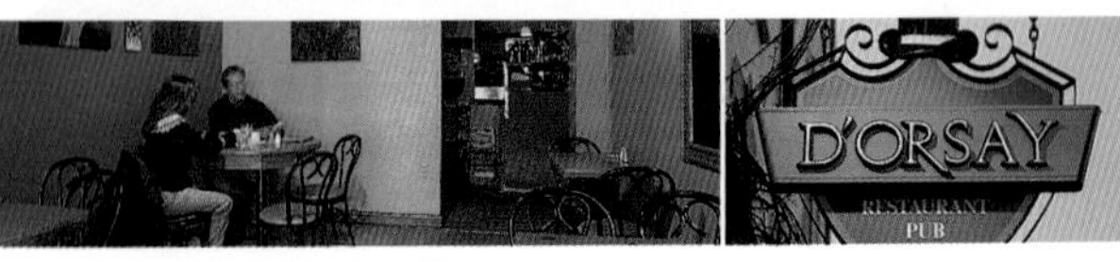

Gauche **Kookening Kafe** Droite **Pub d'Orsay**

TOP 10 Bars et cafés

1 Kookening Kafe

La cuisine mexicaine, le jazz *new age* et l'art contemporain contribuent au charme de ce café original. Ne pas rater les *fajitas.* *565, rue Saint-Jean • plan J5 • AH.*

2 Café de la Terrasse

Avec sa vue magnifique sur le Saint-Laurent, installé dans un des plus beaux hôtels du pays, ce café ne désemplit jamais *(p. 112).* *Chateau Frontenac, 1, rue des Carrières • plan L5.*

3 Pub d'Orsay

C'est sans l'ombre d'un doute l'un des meilleurs pubs du Québec pour goûter aux bières de la province. On s'y délectera, en salle ou en terrasse, d'une délicieuse Belle Gueule, d'une Boréale ou d'une Blanche de Chambly, à moins de leur préférer un bon cidre de Minot. *65, rue Buade • plan L5 • AH.*

4 Pub Thomas Dunn

Ce pub anglais classique, situé en face de la gare, a tout ce qu'il faut pour plaire : un somptueux décor en acajou, un grand choix de bières et le meilleur *fish and chips* de la ville. *369, rue Saint-Paul • plan K4 • AH.*

5 Café Krieghoff

Rien de tel qu'une table au Café Krieghoff pour se fondre dans la communauté artistique de Québec. Collations légères et café bien fort. L'établissement fait aussi *bed & breakfast.* *1091, av. Cartier • bus n° 10.*

6 Bouche bée

Ce café original est toujours bondé de monde. On y sert des soupes, des sandwiches et des salades. Le rapport qualité/prix est excellent. Essayez la quiche aux trois fromages. *383, rue Saint-Paul • plan K4.*

7 Dazibao Café

Ce mélange de cuisine française et de pub irlandais mérite le détour, ne serait-ce que pour leur délicieux *irish stew* et leurs desserts. *58, rue Duchesnay, Sainte-Catherine-de-la-Jacques-Cartier • plan P3.*

8 L'Amour sorcier

Ce joli café bar est situé dans le quartier du faubourg Saint-Jean-Baptiste. La clientèle est principalement lesbienne et gay. La cuisine est simple, l'atmosphère conviviale, la musique excellente, la terrasse agréable. Il organise régulièrement des soirées à thème. *789, côte Sainte-Geneviève • plan J5.*

9 Chez Temporel

Les meilleurs croissants faits maison, les meilleurs croque-monsieur et le meilleur café de la province. *25, rue Couillard • plan L4.*

10 Le Fin Gourmet

Étudiants et hommes d'affaires se retrouvent dans ce décor méditerranéen pour savourer un *osso bucco*, une pizza ou un plat de pâtes. Petit déjeuner jeudi et vendredi. *774, rue Sainte-Thérèse • bus n° 54.*

Au petit coin breton

Catégories de prix

Pour un repas avec entrée, plat et dessert, une demi-bouteille de vin, taxes et service compris.

$	moins de 20 $
$$	entre 20 et 40 $
$$$	entre 40 et 55 $
$$$$	entre 55 et 80 $
$$$$$	plus de 80 $

TOP 10 Restaurants

1 Au petit coin breton

Avec les costumes bretons traditionnels des serveuses et les délicieuses crêpes sucrées et salées, l'illusion est presque complète. *1029, rue Saint-Jean • plan J5 • (418) 694 0758 • AH • $$$.*

2 L'Astral

Ce restaurant français possède une vue magnifique sur la ville, le fleuve et la campagne environnante. Les brunchs du dimanche valent le détour. *Hotel Loews Concorde, 1225, place Montcalm • plan J6 • (418) 647 2222 • AH • $$$.*

3 Le Bonaparte

Cet immeuble classé, bâti en 1832, abrite un excellent restaurant français. Essayez le chevreuil ou les coquilles Saint-Jacques braisées. Des soirées « détective » sont parfois organisées le week-end. *680, Grande-Allée Est • plan J6 • (418) 647 4747 • AH • $$$.*

4 Charbon Bar & Grill

Un parfum alléchant de viande grillée flotte dans le hall de la gare du Palais, où se trouve ce restaurant à succès. *450, rue de la Gare-du-Palais • plan K4 • (418) 522 3555 • AH • $$$.*

5 Café du Monde

On pourrait se croire à Paris, dans ce bistro au bord de l'eau. La cuisine est délicieuse. Essayez le boudin noir avec une compote de pommes. *84, rue Dalhousie • plan M5 • (418) 692 4455 • AH • $$$.*

6 Maison Serge Bruyère

Ce restaurant propose des plats délicieux, souvent très originaux. *1200, rue Saint-Jean • plan J5 • (418) 694 0618 • AH • $$$$$.*

7 47e Parallèle Resto international

Le chef propriétaire propose une cuisine européenne de qualité. *24, rue Sainte-Anne • plan L5 • (418) 692 1534 • $$$$.*

8 Le Marie-Clarisse

Cuisine gourmande et créative à base de fruits de mer et de viande. *12, rue du Petit-Champlain • plan M5 • (418) 692 0857 • $$$$.*

9 Le Saint-Amour

Sur le fabuleux menu du Saint-Amour figurent un steak de caribou et une pintade aux champignons sauvages. *48, rue Sainte-Ursule • plan K5 • (418) 694 0667 • AH • $$$.*

10 Il Teatro

Sans prétention, élégant, italien, évidemment... Essayez les *scampi fritti alle mandorle* (crevettes frites aux amandes). *972, rue Saint-Jean • plan J5 • (418) 694 9996 • $$$.*

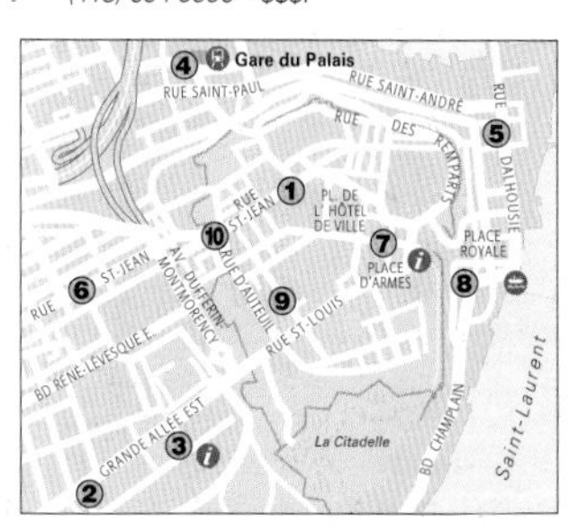

Remarque : *sauf indication contraire, tous les restaurants acceptent les cartes de paiement et proposent des plats végétariens.*

Gauche **Basilique Sainte-Anne-de-Beaupré** Droite **Chocolatier de l'île d'Orléans**

TOP 10 Autour de Québec

1 Basilique Sainte-Anne-de-Beaupré

Cette immense cathédrale est prise d'assaut par des foules de pèlerins toute l'année. Encouragés par les récits miraculeux de ceux qui les ont précédés, ils s'y rendent dans l'espoir de voir un vœu se réaliser *(p. 26-27)*.

2 Île d'Orléans

Cette ravissante île à la sortie de Québec est réputée pour la qualité de ses fruits et légumes. Avec ses 600 édifices classés, toute visite de l'île s'apparente à un voyage dans le temps *(p. 28-29)*.

3 Parc de Chute-Montmorency

Lorsque les premiers colons, après avoir traversé l'Atlantique, remontèrent le Saint-Laurent, ils furent accueillis par ces puissantes cataractes. Du haut de leurs 83 m, elles sont plus grandes que les chutes du Niagara. On peut accéder au manoir Montmorency (bâti en 1781) en téléphérique. Il possède un Centre d'interprétation, des boutiques, un restaurant et une belle terrasse. On découvrira d'autres points de vue en se promenant dans le parc *(p. 28)*.
2490, av. Royale, Route 138 Est • plan P3.

Parc de la Chute-Montmorency

4 Mont Sainte-Anne

Ce spectaculaire terrain de jeu en plein air situé à 40 km de Québec possède un domaine de ski réputé. On y pratique aussi le parapente, la bicyclette de montagne et le golf (18 trous au Grand Vallon). Avec plus de 200 km d'itinéraires de randonnée que l'on peut parcourir en hiver à ski de fond, en raquettes ou en traîneau à chiens, le mont Sainte-Anne ne connaît pas de saison creuse.
2000, bd Beau-Pré, Beaupré • plan P3.

5 Cap Tourmente

Les amateurs d'oiseaux feront le voyage de 45 minutes depuis Québec. Plus de 290 espèces peuplent les marais, les plaines et les collines des environs. L'oie des neiges est sans doute la plus photographiée : des milliers de spécimens viennent y faire leurs nids chaque été. *570, chemin du Cap-Tourmente • plan P3 • AH.*

Chapelle de Grosse Île

6 Grosse Île et le Mémorial irlandais

Ces lieux commémorent le sort tragique des immigrants irlandais qui, ayant fui la famine qui sévissait dans leur île natale, furent mis en quarantaine, à peine débarqués sur le côtes canadiennes, avant de succomber à l'épidémie de typhoïde de 1847. Un petit train touristique mène jusqu'au village, à l'ancien hôpital et à la chapelle catholique restaurée de Lazaretto (bâtie en 1847). *Plan P3.*

7 Charlevoix

Cette côte de 200 km, avec ses villages traditionnels plantés au milieu des collines et des pâturages, est un concentré de tout ce qui fait le charme et l'attrait du Québec. La baie Saint-Paul et ses ravissantes maisons anciennes constituent l'un des lieux les plus idylliques de toute la province. *Plan P2.*

8 Tadoussac

C'est le pays des baleiniers, dont on sait aujourd'hui qu'ils découvrirent le Canada longtemps avant l'arrivée des premiers explorateurs européens. Tadoussac fut la première implantation européenne au nord de Mexico. Des sorties en bateau sont organisées pour aller observer les nombreuses baleines grises, les belugas et les rorquals qui croisent au large du parc aquatique Saguenay-Saint-Laurent. *Plan Q1*
• Sorties en bateau : Croisières Dufour ; (1 800) 463 5250.

9 Saguenay et le lac Saint-Jean

C'est le seul fjord d'Amérique du Nord. Il mène jusqu'au lac Saint-Jean. C'est une zone protégée fréquentée par les belugas, les dauphins, les ours bruns, les orignaux (c'est ainsi qu'on appelle les élans du Canada) et de nombreuses autres espèces animales. Le mur de granit haut de 300 m qui domine la région a inspiré de nombreuses légendes locales.
Plan Q1 • parc national du Saguenay : 91, Notre-Dame, Rivière-Éternité.

10 Station écotouristique Duchesnay

Voici un magnifique exemple de forêt canadienne. Située à l'ouest de la ville, en direction de Sainte-Catherine-de-la-Jaques-Cartier, cette région fut d'abord colonisée sous la direction du comte de Frontenac, en 1693. Il abrite aujourd'hui l'Hôtel de Glace *(p. 45)* et de nombreuses autres attractions, en hiver comme en été, lorsque les amateurs de bateau se retrouvent sur les rives du lac Saint-Joseph.
143 route Duchesnay, Sainte-Catherine-de-la-Jacques-Cartier • plan N3.

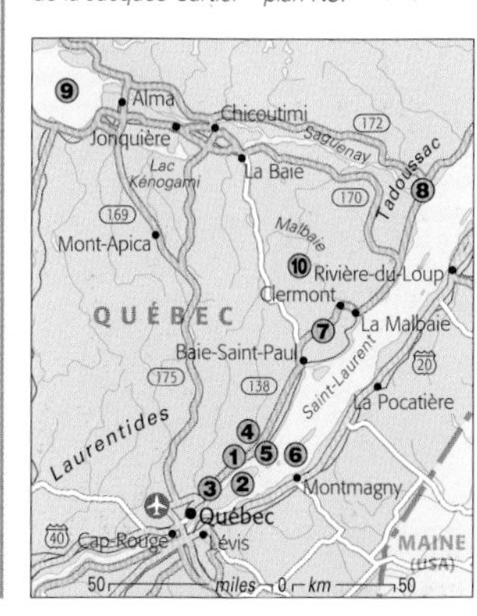

Les chambres de l'Hôtel de Glace sont souvent proposées à des tarifs promotionnels en semaine.

À VENDRE
FESTIVAL DU HOMARD
VOTRE VIN

MODE D'EMPLOI

Gauche **Centre infotouriste** Droite **Bureau du Tourisme de Québec et de ses environs**

TOP 10 Préparer le voyage

1 Quand partir

Le début de l'été et l'automne sont les meilleurs moments pour visiter le Québec, lorsque les températures sont clémentes. Cependant, si vous êtes intéressé par les sports d'hiver, prévoyez de venir en octobre-novembre ou en janvier-mars.

2 Les périodes d'affluence

Les fêtes de Noël attirent de nombreux touristes à Montréal et Québec. Les mois de juin et de juillet sont la période des festivals *(p. 42-43)*. Le Carnaval de Québec attire beaucoup de monde au mois de février *(p. 44-45)*.

Offices du Tourisme

Tourisme Montréal
155, rue Peel • (514) 844 5400 • www.tourisme-montreal.org

Centre infotouriste
1001, sq. Dorchester • (514) 873 2015

Bureau du Tourisme de Québec et des environs
(418) 641 6654 • www.quebecregion.com

Ministère du Tourisme du Québec
www.bonjourquebec.com

3 Comment se vêtir

La notion d'extrêmes de température a sans doute été inventée au Québec, où les conditions climatiques peuvent varier d'un extrême à l'autre en l'espace de quelques heures. On y rencontre fréquemment des températures de 40 °C en été et de - 40 °C en hiver, pendant les tempêtes de neige. Il est vivement conseillé d'emporter un imperméable et plusieurs couches de vêtements chauds qui permettront de s'adapter aux changements de conditions climatiques.

4 Passeports et visas

Les citoyens de l'Union européenne et de la Suisse ont besoin d'un passeport valable pour la durée du séjour, qui ne saurait excéder une durée de six mois. Le visa n'est pas nécessaire si le séjour ne dépasse pas trois mois. Les ressortissants d'autres pays doivent s'adresser à l'ambassade ou au consulat canadien de leur pays d'origine pour de plus amples informations.

5 Assurance

Les frais de santé peuvent être très élevés en Amérique du Nord. Il est par conséquent recommandé de souscrire une assurance avant votre départ. Veillez à ce que l'assurance couvre également les frais d'annulation de vol ainsi que la perte d'objets personnels.

6 Compagnies aériennes

Plus de 50 compagnies desservent les aéroports de Montréal et de Québec. Air Canada dispose du plus grand nombre de vols et les charters Air Transat offrent les meilleurs prix *(p. 106)*.

7 Douane

Il est interdit d'importer certains aliments au Canada, comme les fruits, par exemple. Des chiens renifleurs sont utilisés dans la majorité des aéroports. Les majeurs ont le droit d'importer dans le pays un maximum de 200 cigarettes, 50 cigares, 1 litre d'alcool fort et 1,5 litre de vin.

8 Fuseau horaire

Comptez un décalage horaire de six heures de moins que l'heure française (sur le même fuseau horaire que New York).

9 Électricité

Toute l'Amérique du Nord fonctionne avec du 110 V et emploie des prises à deux ou trois fiches. Prévoir des adaptateurs.

10 Plans

Des plans des deux villes et de leurs réseaux des transports publics sont disponibles dans les offices du Tourisme.

Gauche **Taxi à l'aéroport** Droite **Rue pavée de Montréal**

TOP 10 À éviter

1 Taxis de l'aéroport

Certes pratiques, mais beaucoup plus chers que les transports en commun, on leur préférera les autobus des Aéroports de Montréal (ADM) qui desservent le centre-ville de 7 h à 1 h. L'aéroport de Québec propose également une navette.

2 Ponts aux heures de pointe

La meilleure façon de gérer les 110 ponts de Montréal est de les éviter... entre 16 h 30 et 18 h 30, ils sont complètement embouteillés. Le matin, éviter de les emprunter avant 9h30. Même chose pour le pont Pierre-Laporte et celui de l'île d'Orléans à Québec.

3 Voiture

À moins que vous n'éprouviez du plaisir à vous frayer un chemin dans les embouteillages et à vous repérer dans les déviations, les routes barrées et les rues à sens unique, il est conseillé de prendre les transports en commun, les taxis ou de se promener à pied et à bicyclette. L'hiver, la glace et la mauvaise visibilité représentent des dangers supplémentaires.

4 Talons hauts dans le Vieux-Montréal

Flâner dans les rues pavées du Vieux-Montréal en talons hauts dégoûtera même les promeneuses les plus chevronnées. Le port de chaussures confortables est vivement recommandé.

5 Bureaux de change de l'aéroport

Ils ne font pas exception à la règle universelle selon laquelle il est toujours préférable d'acheter des devises auprès des bureaux de change du centre-ville.

6 Pick-pockets

Méfiez-vous des bousculades, particulièrement en période de festival, lorsque des bandes de pick-pockets se fondent dans la foule et profitent de l'agitation générale pour dépouiller leurs victimes.

7 Quartiers

Montréal et Québec sont des villes réputées pour leur sécurité. Il est cependant préférable d'éviter certaines zones, particulièrement de nuit, comme la rue Pascal, à Montréal Nord, à l'est du boulevard Pie-IX, et la rue Ontario Est. Le quartier de la Côte-des-Neiges et l'avenue Barclay sont également à éviter après la tombée de la nuit. Les clubs de strip-tease que l'on trouve dans toute la province sont des lieux généralement mal famés. Québec a beau être une ville paisible, mieux vaut prendre quelques précautions.

8 Escroqueries à l'aéroport

L'aéroport international de Montréal a longtemps attiré les escrocs en tout genre, avant que la sécurité ne soit renforcée. Il arrive encore que des bandes organisées profitent d'un moment d'inattention pour voler les bagages des touristes. Soyez donc vigilants.

9 Mendiants

Montréal et Québec abritent de nombreux mendiants. On les rencontre principalement dans les rues très fréquentées et à la sortie des SAQ, la chaîne de magasins spécialisés dans la vente d'alcool. Il faut savoir que le Québec a une politique d'accueil et de prise en charge des sans-abri parmi les plus généreuses et les plus efficaces du monde. Grâce notamment à l'offre gratuite de nourriture, de soins et de logement. Les mendiants ne sont donc pas sans ressources.

10 Téléphoner dans les hôtels

Les appels interurbains coûtent en moyenne trois fois plus cher dans les hôtels qu'ailleurs. Mieux vaut donc utiliser une carte téléphonique prépayée.

Gauche **Aéroport international Pierre-Elliott-Trudeau** Droite **Gare centrale, Montréal**

TOP 10 Arriver à Montréal et à Québec

1 Montréal par avion

Les voyageurs qui atterrissent à l'aéroport international Pierre-Elliott-Trudeau peuvent soit rejoindre le centre-ville soit s'envoler vers une autre destination. Montréal dispose d'un second aéroport, Mirabel, qui accueille exlusivement les charters et les cargos. *Aéroports de Montréal : (514) 394 7377 • www.admtl.com*

2 Québec par avion

L'aéroport international Jean-Lesage se trouve à 15 minutes de route de Québec. Il est desservi par Air France, Air Canada et plusieurs compagnies aériennes américaines. Air Transat propose des vols charters entre Paris et Québec. *Aéroport de Québec • (418) 640 2700 • www.aeroportdequebec.com*

3 Montréal en train

La gare centrale accueille aussi bien les trains Amtrak en provenance des États-Unis que les trains VIA qui relient Montréal aux autres villes canadiennes. C'est d'ici que partent les autocars qui quotidiennement desservent Québec et les autres grandes villes du pays. *Réservation VIA Rail Canada : (514) 989-2626 • www.via.ca • Amtrak : 1-800-USA-RAIL.*

4 Montréal en bateau

Une fois arrivés au port de Montréal, les bateaux de croisière jettent l'ancre au terminal d'Iberville, à une courte distance du Vieux-Montréal. On imagine difficilement une façon plus romantique d'arriver dans le « Paris des Amériques » qu'en remontant le Saint-Laurent. *Bureau du Vieux-Port : (514) 496 7678.*

5 Québec en bateau

Un terminal flambant neuf accueille désormais les bateaux de croisière dans le Vieux-Port. La saison des croisières s'étend traditionnellement d'avril à octobre. *www.portquebec.ca*

6 Par la route

Pour rejoindre Montréal en voiture depuis l'Ontario, prenez la route 401, qui après la frontière canadienne devient la route 20, et traversez le pont Galipeau. Autrement, prenez la route 40 depuis Ottawa et traversez le pont de l'île aux Tourtres. L'autoroute des cantons de l'Est (route 10) est reliée des États-Unis par les routes 91, 93 et 15. Pour se rendre à Québec, on peut emprunter les routes 20 et 40, qui partent toutes deux de Montréal, ou la route 13 si l'on vient de l'est.

7 En hydrofoil

L'hydrofoil est un moyen à la fois spectaculaire et divertissant de voyager entre Québec et Montréal. La compagnie des Dauphins du Saint-Laurent propose un service entre les deux villes et fait escale à Trois-Rivières. *Les Dauphins du Saint-Laurent : www.dauphins.ca*

8 Montréal en ferry

Comme Montréal est bâti sur une île, il est possible d'y accéder par la voie des eaux. Il faut savoir cependant que les navettes ne naviguent que lorsque les conditions sont favorables, c'est-à-dire lorsque le fleuve est libre de l'emprise de la glace. Un service de navettes relie Montréal à la ville de Longueuil, sur la rive sud, de la fin mai jusqu'à la mi-octobre. *Navettes : (514) 281 8000.*

9 Québec en traversier

Il traverse le Saint-Laurent en reliant Lévis à Québec offrant quelques très belles vues sur la ville *(p. 92)*. *Horaires et informations : (418) 837 2408.*

10 Québec en bus

Il y a deux principales gares routières dans la ville. L'une se trouve à côte de la gare centrale, l'autre à Sainte-Foy. *Gare centrale : 320, rue Abraham-Martin • Sainte-Foy : 925, av. de la Rochelle.*

Gauche **Montréal à bicyclette** Droite **Promenade en calèche**

TOP 10 Se déplacer à Montréal et à Québec

1 Métro de Montréal

C'est le meilleur moyen de se déplacer dans la ville. Il est ouvert de 5 h 30 jusqu'à 1 h. Il n'y a pas de métro à Québec. *www.metrodemontreal.com*

2 En bus

Le métro et les bus de Montréal fonctionnent tous les jours. On peut accéder à tout le réseau avec un seul ticket. Les bus de Québec sont également très efficaces. *Bus de Montréal : www.stm.info • bus de Québec : (418) 627 2511; www.stcuq.qc.ca*

3 Titres de transport

À Montréal, les bus et le métro fonctionnent avec les mêmes tickets. Si vous prévoyez d'avoir souvent recours aux transports en commun pendant votre séjour, il est recommandé d'acheter un ticket valable pour une journée (7 $) ou pour trois jours (14 $). Ces billets peuvent être achetés toute l'année aux stations de métro Berri-UQAM et Bonaventure et en été, aux stations Sherbrooke, Mont-Royal, Pie-IX, Viau, Jean-Talon et Longueuil.

4 En voiture

Le Québec a la réputation d'être la province des chauffards, des sens uniques, des signalisations compliquées, des parcmètres gourmands et des parkings hors de prix. Mettre sa voiture à l'abri dans un parking couvert pendant toute la durée de votre séjour et prendre des taxis pour vous déplacer en ville semble encore être la meilleure solution.

5 À pied

Les deux villes ont aménagé de vastes zones piétonnières, idéales pour flâner. Elles sont clairement indiquées. Il faudra cependant apprendre à partager la chaussée avec les cyclistes et les patineurs. Soyez prudents et restez courtois.

6 À bicyclette

Le Québec est la patrie des cyclistes : en ville comme dans les parcs, Montréal et ses environs comptent plus de 350 km de pistes cyclables. *Ça Roule : 27, rue de la Commune Est • (514) 866 0633 • www.caroulemontreal.com*

7 En taxi

Que ce soit à Québec ou à Montréal, 10 $ suffisent généralement à vous mener à destination – en dehors des heures d'affluence.

8 En calèche

À Montréal, des tours de la ville en calèche sont proposés au départ de la place d'Armes, de la place Jacques-Cartier, de la partie sud du boulevard Saint-Laurent ou en appelant Lucky Luc. À Québec, on en trouve généralement dans les rues du Vieux-Québec. Une autre option consiste à appeler les calèches du Vieux-Québec. C'est un moyen romantique, bien que relativement coûteux, de découvrir la ville. Le tarif est le même partout : à peu près 60 $ l'heure, mais les cochers sont libres de négocier leurs prix. *Lucky Luc : (514) 934 6105 • Calèches du Vieux-Québec : (418) 683 9222.*

9 En bateau

C'est en bateau que l'on profite de certaines des plus belles vues de Montréal. On peut louer une embarcation au Vieux-Port. D'autres lieux valent la peine d'être visités en bateau comme la marina de La Ronde et la baie de loisirs de Lachine. *Vieux-Port : (514) 496 7678 ; www.oldportofmontreal.com • Marina de La Ronde : parc Jean-Drapeau (514) 875 0111 • Baie des loisirs de Lachine : (514) 634 0646.*

10 Transport de personnes handicapées

À Montréal comme à Québec, les transports publics ne sont que partiellement équipés pour prendre en charge des personnes handicapées. L'aéroport international de Montréal dispose du personnel et de l'équipement nécessaire ; le transfert depuis l'aéroport de Québec peut être organisé en appelant Roy & Murin. La STM, la société des transports de Montréal, peut mettre à la disposition des personnes handicapées des camionnettes équipées. *Roy & Morin : (418) 622 6566 • STCUM : (514) 280 5341, www.stm.info*

Gauche **Bureau de change** Droite **Magasin de presse**

TOP 10 Banques et communications

1 Devises

Le Québec emploie le dollar canadien ($), qui se divise en cent cents (¢). Comme aux États-Unis, une pièce de 5 cents s'appelle un « nickel », 10 cents un « dime » et 25 cents un « quarter ». La pièce de 1 $ est ornée d'un huard appelé « loon », ce qui lui vaut le sobriquet de « loonie » (« la folle »). La pièce de 2 $ s'appelle une « toonie ». Les francophones appellent les cents des « sous » et les dollars des « piastres ». Les billets de banque existent en dénomination de 5, 10, 20, 50, 100 et 1000 dollars.

2 Bureaux de change

Ces bureaux encaissent les chèques, sur présentation des documents d'identité nécessaires et ils changent les devises. Pour ces dernières, ils proposent souvent de meilleurs taux que les banques. On les trouve dans les aéroports et les hôtels ainsi que sur les grands boulevards.

3 Caisses populaires

Créées au début du xxe siècle, les caisses populaires furent parmi les premières institutions de crédit populaire en Amérique du Nord. Si elles possèdent aujourd'hui moins de succursales que les banques, elles n'en continuent pas moins de proposer des taux particulièrement intéressants.

4 Cartes de paiement

La majorité des cartes de crédit sont acceptées au Québec. À cause des commissions, les Québécois préfèrent être payés en liquide. Les cartes bancaires ne sont acceptées dans les magasins, les bistros, les cafés et les restaurants, qu'à condition d'être compatibles avec les systèmes Interac, Plus ou Cirrus.

5 Chèques de voyage

Ils sont acceptés dans tout le Québec. Mieux vaut se renseigner avant de partir visiter les coins les plus reculés de la province. À quelques rares exceptions près, vous ne devriez pas avoir de difficulté à changer des chèques émis par American Express, Travelex, Visa ou d'autres institutions, dans les hôtels, les restaurants et les grands magasins de la ville.

6 Journaux

Le Québec dispose d'une presse quotidienne bilingue et variée, vendue en kiosques. Les principaux titres francophones sont *Le Devoir, La Presse, Le Journal de Montréal, Le Journal de Québec et Le Soleil*. Les titres anglophones principaux sont *The Montréal Gazette* (quotidien) et *le Chronicle-Telegraph*.

7 Télévision et Radio

Les chaînes de télévision francophones sont : SRC, TQS, TVA et Télé-Québec. Les chaînes de langue anglaise sont : CBC, CTV et Global. En ce qui concerne la radio, CBCFM (93,5 et 95,1) à Montréal et CJAD (800 AM) Talk Radio sont les principales radios d'information anglophones. INFO 690 AM est l'équivalent francophone. Les radios francophones FM 94,3 CHYZ Radio Laval et CJMF 93,3 FM sont très écoutées à Québec. CHOI Radio X sur 98,1 FM diffuse un mélange de musique anglophone et francophone.

8 Guides touristiques et informations sur les spectacles

Tourisme Montréal publie chaque année un guide touristique officiel, que l'on trouvera facilement. Les spectacles sont recensés dans des hebdomadaires gratuits, diffusés dans les magasins, les restaurants et dans la rue : *The Mirror* et *The Hour* en anglais, *Voir* et *Ici* en français.

9 Téléphones

On peut louer un téléphone cellulaire et se le faire livrer 7 jours sur 7 auprès de World Cellular Rentals. Les cabines téléphoniques fonctionnent avec une pièce de 25 ¢.
World Cellular Rentals : (1 877) 626 0216.

10 Internet

On trouve de nombreux cafés Internet à Montréal et à Québec pour surfer le web.

Gauche **Police montée à Montréal** Droite **Pharmacie**

TOP 10 Santé et sécurité

1 Police
Tous les postes de la police municipale sont reliés au numéro d'urgence 911. Pour les affaires moins urgentes, appeler le (514) 280 222.

2 Pompiers
Les casernes de pompiers sont aussi reliées au 911. Pour les affaires moins urgentes, à Montréal, appeler le (514) 872 3800 et à Québec, consultez www.spiq.ca

3 Hôpitaux
Un grand hôpital est opérationnel à Montréal depuis 2005, mais les deux villes disposent de nombreux autres hôpitaux, de dimensions variées.
*🕿 **Montréal** : McGill University Health Clinic : 1650, av. Cedar, (514) 937 6011 ; Hôpital pédiatrique : 2300, rue Tupper, (514) 412 4400 ; Hôpital Royal Victoria : 687, av. des Pins Ouest, (514) 842 1231 ; Centre hospitalier de l'Université de Montréal (francophone) : 3840, rue Saint-Urbain, (514) 890 8000.*
*• **Québec** : Centre hospitalier Hôtel-Dieu de Québec : 11, côte du Palais, (418) 691 5151.*

Numéros d'urgence

Toutes les urgences : 911

Police provinciale du Québec :
310 4141 (supprimer le 310 si vous appelez avec un portable).

Centre anti-poison :
(1 800) 463 5060

Service handicapés :
Keroul : (514) 252 3104

Tele-Aide :
(514) 935 1101

4 CLSC
Ces cliniques de quartier proposent de nombreux services médicaux. On peut toujours recevoir des soins d'urgence en entrant dans un CLSC.
🕿 CLSC des Faubourgs : 1705, rue Visitation, Montréal, (514) 527 2361
• Clinique des jeunes Saint-Denis : 1259, rue du Sanguinet, Montréal, (514) 844 9333.

5 Pharmacies
À Montréal, la pharmacie située au 5122 chemin de la Côte-des-Neiges est ouverte 24h/24. Plus proche du centre-ville, Pharmaprix est ouverte jusqu'à minuit (901, rue Sainte-Catherine Est).

6 Informations Handicapés
Diverses organisations offrent des informations aux voyageurs handicapés. *🕿 Keroul : 4545, av. Pierre-de Coubertin, Montréal, (514) 252 3104, www.keroul.qc.ca*
• Visites de Montréal DMC : 2360, rue Notre-Dame Ouest, Suite 203, Montréal, (514) 933 6674 • www. visitesdemontreal.com

7 Délinquance
Les deux villes jouissent d'un taux de criminalité relativement bas, mais mieux vaut être prudent. Si vous êtes la victime d'un délit, contactez aussitôt la police. À Montréal, la Jeunesse au soleil organise des patrouilles de surveillance à pied et à bicyclette. Crime Stoppers est un service téléphonique qui permet de dénoncer un crime en tout anonymat.
🕿 Jeunesse au soleil : 4251, rue Saint-Urbain, (514) 842 6822
• Crime Stoppers : (514) 393 1133.

8 Soins dentaires
Des soins dentaires sont proposés à la McCall Clinic de Montréal. Pour trouver un dentiste à Québec, appeler le numéro ci-dessous. *🕿 McCall Dental Clinic : av. des Pins, (514) 934 8021 ext. 2627*
• Québec : (418) 653 5412.

9 Médecines alternatives
Vous pouvez trouver des médecines alternatives au Carrefour santé à Montréal ou à la Clinique Chantal Lacroix à Québec.
🕿 Carrefour Santé : 767, rue Rachel Est, (514) 524 7222
• Chantal Lacroix Clinic : (418) 658 2004.

10 Précautions saisonnières
Prévoir des vêtements très chauds en hiver et des crèmes solaires et un chapeau en été.

Gauche **Friperies de l'avenue Mont-Royal** Droite **Place des Arts**

Top 10 Montréal et Québec bon marché

1 Tickets et entrées gratuites

Le métro de Montréal est gratuit le jour de l'an, le jour de Noël et le jour de la Saint-Jean-Baptiste (14 juin). Les billets de spectacles peuvent être achetés sur place ou auprès du réseau Admission. Certaines boîtes de nuit laissent entrer gratuitement les premiers clients (se renseigner à l'avance). *Admission : (514) 790 1245, www.admission.com*

2 Spectacles gratuits

En été, les deux villes accueillent de nombreux spectacles de rue gratuits (généralement des jongleurs et des musiciens). Les représentations en plein air de Shakespeare in the Park attirent beaucoup de monde à Montréal : les horaires sont signalés dans la presse gratuite *(p. 108)*. Les vieux ports de Montréal et de Québec organisent régulièrement des concerts en plein air, des feux d'artifice et d'autres spectacles gratuits.

3 Réductions et laissez-passer

Pour obtenir des réductions et des laissez-passer, mieux vaut éviter les foules de l'été et de l'hiver et visiter la région en saison creuse. En s'y prenant suffisamment à l'avance, on pourra obtenir des réductions sur les chambres d'hôtel, les spectacles et les visites organisées.

4 Restauration bon marché

Le Québec est célèbre pour ses snack-bars (appelés « casse-croûte »), ses stands de « patates frites », de hamburgers et de hot dogs. De nombreux restaurants thaïlandais et chinois comme Juste Nouilles proposent à midi des menus pour moins de 5 $. Pour faire des économies, mieux vaut prendre le repas principal de la journée à l'heure du déjeuner.

5 Hébergement bon marché

Les auberges de jeunesse représentent à Montréal et Québec l'hébergement à meilleur marché *(p. 115)*. L'université du Québec à Montréal dispose d'une auberge flambant neuve qui propose des chambres simples, doubles et des dortoirs pour les groupes *(p. 116)*. Les motels sont bon marché à partir de deux personnes.

6 Friperies

Les friperies vendent des vêtements d'occasion en tout genre à des prix réduits. À Montréal, on en trouvera dans la rue Saint-Denis, la rue Sainte-Catherine Est, l'avenue Mont-Royal et le boulevard Saint-Laurent.

7 Maisons de la Culture

Les maisons de la Culture organisent des spectacles gratuits et à prix réduit dans toute la région de Montréal. Musiciens et acteurs y côtoient des expositions temporaires d'arts plastiques et de photographie.

8 Entrées gratuites dans les musées

L'entrée du musée d'Art contemporain est gratuit le mercredi soir à partir de 18 h *(p. 66)*. Pendant la Journée internationale des musées de l'Unesco (fin mai), 28 musées de Montréal ouvrent leurs portes gratuitement de 9 h à 18 h et proposent même un service de navettes gratuites.

9 Autres économies

Une fois au Canada, passez par le service de réservation gratuit 1-800 pour vos hôtels, vos billets d'avion, vos visites guidées et vos transports. N'hésitez pas à demander des réductions, surtout si vous payez en liquide.

10 Remises

Si vous êtes membre d'une association d'automobilistes, d'un réseau d'écotourisme (Sierra Club), d'un club hôtelier (HIHOSTEL) ou d'un club de carte de crédit (Amex/VISA), il y a des chances pour que vous puissiez bénéficier d'une remises de 10 à 20 % sur les locations de voiture, les hôtels et les voyages. Renseignez-vous avant votre départ.

Gauche **Restaurant du bd Saint-Laurent à Montréal** Droite **Enseigne d'hôtel**

TOP 10 Restauration

1 Gastronomie

Montréal et Québec proposent un grand choix de restaurants, des plus exotiques (Afghanistan, Tibet, Algérie, Thaïlande, Philippines, Turquie, Pologne, San Salvador, Cuba) aux plus traditionnels, les Québécois étant de grands amateurs de *bagels*, de viande fumée et de *poutine* (des frites recouvertes de sauce et de fromage fondu).

2 Pour les enfants

Les restaurants proposent souvent des menus pour les enfants. Le cas échéant, ne pas hésiter à demander des demi-portions. Certains restaurants font même de la publicité pour des repas gratuits pour les enfants de moins de 5 ans. Sans oublier les chaînes de *fast-food*...

3 Taxes

Les gouvernements provincial et fédéral perçoivent des taxes sur les biens de consommation et les services. Ce surcoût de 14 % n'est pas toujours indiqué sur les étiquettes de prix ; il sera calculé à la caisse. Les visiteurs peuvent cependant se faire rembourser la taxe fédérale (GST) sur la plupart de leurs achats. Il suffit de remplir un formulaire de remboursement, que l'on trouve dans les hôtels, les gares et les stations de bus.

4 Table d'hôtes

Dans toute la province du Québec, les restaurants proposent généralement un menu appelé « Table d'hôtes ». Ce menu fixe comprend habituellement une soupe ou une salade en entrée, un choix de plats principaux, un dessert et un café ou un thé, le tout à prix intéressant.

5 Végétariens

La plupart des restaurants proposent des plats végétariens dans leurs menus, notamment les restaurants indiens. Il existe également certaines adresses spécialisées comme la chaîne du Commensal (www.commensal.com). Le choix est cependant plus restreint dans les zones rurales.

6 À la Carte Express

Ce système centralisé de livraisons à domicile offre un service impeccable et permet de choisir entre les menus de douzaines de restaurants qui ne disposent pas de leur propre service de livraison à domicile. Ils desservent l'ensemble des quartiers touristiques de Montréal. *À la Carte Express : (514) 933 7000.*

7 Pourboires

Au Québec, le personnel dans les restaurants ne perçoit qu'un salaire très modique. Il dépend donc des pourboires pour une large part de ses revenus (une situation qui ne saurait excuser un mauvais service). Le pourboire au Québec est généralement calculé sur la base de 10 à 20 % de l'addition (hors taxe).

8 Fumeurs

La loi sur la tabac au Québec interdit de fumer dans les lieux publics, ce qui inclut les bars, les restaurants et les lieux de travail, sauf dans les *cigar rooms*.

9 Alcool

Les bars et les restaurants servent généralement de l'alcool jusqu'à 3 h du matin. On peut également acheter de l'alcool dans les supermarchés, chez les « dépanneurs » (épiceries généralistes) ou dans les magasins de la Société des alcools du Québec (SAQ), qui offrent le plus de choix notamment en produits du terroir.

10 Classification des hôtels

Tous les hôtels du Québec sont classés officiellement selon un barème établi par le ministère du Tourisme. Le nombre d'étoiles qui leur est attribué donne une indication des services proposés, du modeste établissement 1 étoile à l'hôtel de luxe 5 étoiles disposant de piscines et de jacuzzis.

Gauche **Ritz-Carlton Montréal** Droite **Château Frontenac**

TOP 10 Hôtels de Luxe

1 Ritz-Carlton Montréal

Ce bastion du chic a su préserver tout son charme Belle Époque. L'édifice néoclassique attire une clientèle élégante que l'on apercevra souvent en train de prendre le thé dans la cour intérieure de l'hôtel. Il faut réserver longtemps à l'avance. *1228, rue Sherbrooke Ouest • plan H1 • (514) 842 4212 • www.ritzcarlton.com • AH • $$$$$.*

2 Fairmont Queen Elizabeth Hotel, Montréal

Si l'hospitalité est un art, le prince des hôtels de Montréal est un véritable chef-d'œuvre. C'est ici que John Lennon organisa son célèbre *bed-in* de protestation en 1969. *900, bd René-Lévesque Ouest • plan H2 • (514) 861 3511 • www.fairmont.com • AH • $$$$$.*

3 Hôtel le St-James, Montréal

Installé dans un bel immeuble XIXe siècle, cet hôtel élégant accueille régulièrement des conférences. Un spa et de nombreuses petites attentions agrémentent le séjour de ses hôtes. *355, rue Saint-Jacques • plan J3 • (514) 841 3111 • www.hotellestjames.com • AH • $$$$$.*

4 Le Germain, Montréal

Cet immeuble abritait autrefois des bureaux. Transformé en hôtel, il constitue désormais un havre de paix au cœur de l'agitation du centre-ville. Le service est impeccable et le restaurant excellent. *2050, rue Mansfield • plan H2 • (514) 849 2050 • www.hotelgermain.com • AH • $$$$$.*

5 Hôtel InterContinental, Montréal

L'Hôtel InterContinental est relié au World Trade Center de Montréal par un atrium qui abrite de nombreuses boutiques. *360, rue Saint-Antoine Ouest • plan J2 • (514) 987 9900 • www.montreal.interconti.com • AH • $$$$$.*

6 Hilton Montréal Bonaventure

Occupant les étages supérieurs du centre des Congrès de la place Bonaventure, le Hilton est un véritable oasis de confort. Il est doté d'une magnifique piscine. La cuisine française du restaurant Le Castillon est réputée. *900, rue de la Gauchetière Ouest • plan J2 • (514) 878 2332 • www.hilton montreal.com • AH • $$$$$.*

7 Fairmont château Frontenac, Québec

Situé en plein cœur de Vieux-Québec, le château Frontenac est remarquable à tous les égards. Le grizzly empaillé qui vous accueille dans le vestibule, le canoë en bois de bouleau et les nombreuses autres curiosités qui ornent les murs évoquent un musée de la civilisation canadienne, installé dans un cadre luxueux. *1, rue des Carrières • plan L5 • (418) 692 3861 • www.fairmont.com • AH • $$$$$.*

8 Hôtel château Laurier, Québec

Cet agréable hôtel est situé en face du parc Georges-V, non loin du parlement et du parc des Champs-de-Bataille. *1220, place George-V Ouest • plan J6 • (418) 522 8108 • www.vieux-quebec.com/laurier • AH • $$$.*

9 Fairmont le manoir Richelieu, La Malbaie

Cet hôtel fabuleux a été bâti en 1761. Il possède un terrain de golf, un casino et offre une vue magnifique sur le Saint-Laurent. On compte parmi ses clients plusieurs présidents des États-Unis, des stars de Hollywood et un flux constant de joueurs invétérés. *181, rue Richelieu • plan Q2 • (418) 665 3703 • www.fairmont.com • AH • $$$$$.*

10 Fairmont Tremblant, Mont-Tremblant

Un golf, des spas, des activités en plein air, des boutiques et des restaurants, le tout dans un cadre champêtre. *3045, chemin de la Chapelle • plan N5 • (819) 681 7653 • www.fairmont.com • AH • $$$$$.*

Sauf indication contraire, les hôtels acceptent les cartes de paiement et les chambres disposent d'une salle de bains et de l'air conditionné.

Saint-Sulpice

Catégories de prix

Prix par nuit avec petit déjeuner, si mentionné, taxe et service compris		
	$	moins de 50$
	$$	entre 50$ et 100$
	$$$	entre 100$ et 150$
	$$$$	entre 150$ et 200$
	$$$$$	plus de 200$

TOP 10 Hôtels de caractère

1 Hôtel Nelligan, Montréal

Le Nelligan associe le charme des demeures anciennes aux vertus stimulantes du design contemporain. Une terrasse a été aménagée sur les toits. Le restaurant français possède une excellente carte des vins. Une navette conduit les hôtes au centre-ville. Élégant, très confortable, tout à fait recommandable. *106, rue Saint-Paul Ouest • plan K3 • (514) 788 2040 • www.hotelnelligan.com • $$$$$.*

2 Loew's Hôtel Vogue, Montréal

Avec ses 142 chambres, situées en plein cœur de la ville, à quelques pas seulement des principales attractions de Montréal, le Vogue abrite la nouvelle star des restaurants de la métropole : Chez George. *1425, rue de la Montagne • plan H1 • (514) 285 5555 • www.loewshotels.com • AH • $$$$$.*

3 Le Saint-Sulpice, Montréal

À quelques pas seulement des attractions principales de la ville, sa cour intérieure offre un havre de paix aux rescapés du chaos du centre-ville. *414, rue Saint-Sulpice • plan K3 • (514) 288 1000 • www.lesaintsulpice.com • AH • $$$$$.*

4 Hôtel Saint-Paul, Montréal

La façade richement décorée de ce bâtiment ne laisse rien deviner de ce qui se cache à l'intérieur : un univers minimaliste et ultra-moderne. Le Raw Bar sert la meilleure *ceviche* (poisson cru) de la ville. *355, rue McGill • plan J3 • (514) 380 2222 • www.hotelstpaul.com • $$$$$.*

5 Hôtel Place d'Armes, Montréal

Ce magnifique hôtel est la fierté de la famille Antonopoulos, à laquelle on doit la préservation et la restauration d'une grande partie du patrimoine architectural du Vieux-Montréal. Les chambres sont confortables, raffinées et pleines de charme. L'hôtel possède une salle de gym et une terrasse en toiture. *701, côte de la place d'Armes • plan K2 • (514) 842 1887 • www.hotelplacedarmes.com • $$$$$.*

6 Château Versailles, Montréal

Le Château Versailles est un lieu de légende : les quatre demeures qui le composent étaient autrefois habitées par les grandes familles patriciennes de Montréal. Il accueille aujourd'hui une clientèle d'acteurs, d'artistes et d'écrivains. Le restaurant La Maîtresse est excellent. *1659, rue Sherbrooke Ouest • plan A3 • (514) 933 3611 • www.versailleshotels.com • AH • $$$$.*

7 Le Priori, Québec

On se sent vite chez soi dans ce petit hôtel original et douillet, grâce à ses duvets moelleux, ses salles de bain en ardoise, ses feux de cheminée et ses coins cuisines équipés. *15, rue Sault-au-Matelot • plan M4 • (418) 692 3992 • www.hotellepriori.com • $$$.*

8 Hôtel Dominion, Québec

Situé non loin des principales attractions de la ville, l'hôtel Dominion est un mélange de décors anciens et contemporains. Une vraie trouvaille. *126, rue Saint-Pierre • plan M4 • (418) 692 2224 • www.hoteldominion.com • AH • $$$$$.*

9 Auberge Saint-Antoine, Québec

Cet ancien hangar reconverti avec goût offre aujourd'hui tout le confort moderne dans un cadre original, avec vue sur le fleuve. *10, rue Saint-Antoine • plan M4 • (418) 692 2211 • www.saint-antoine.com • $$$$.*

10 Manoir le Tricorne, North Hatley

Situé au milieu d'un domaine de 30 ha, avec vue sur le lac Wassawippi, c'est l'endroit idéal où passer un week-end au vert. *50, chemin Gosselin • plan Q6 • (819) 842 4522 • www.manoirletricorne.com • AH • $$$$.*

Gauche **Armor Manoir Sherbrooke** Droite **Hôtel Terrasse Dufferin**

TOP 10 Hôtels à prix moyen

1 Hôtel de l'Institut, Montréal

Ayant rouvert ses portes en 2004 après avoir été entièrement restauré, cet hôtel propose tout le confort moderne dans un cadre traditionnel, avec un service irréprochable en sus. Les plats sont copieux, la cuisine délicieuse. Il se trouve juste en face du sympathique café Saint-Louis. *3535, rue Saint-Denis • plan E3 • (514) 282 5120 • www.hotel.ithq.qc.ca • AH • $$$.*

2 Best Western Montréal Airport Hotel

Situé sur la route qui relie l'aéroport à la ville, cet hôtel est desservi par une navette gratuite. Confortable, il est également bon marché. *13000, chemin Côte-de-Liesse, Dorval • Free shuttle bus • (514) 631 4811 • www.bestwestern.com • AH • $$$.*

3 Armor Manoir Sherbrooke, Montréal

Derrière sa façade ancienne, le manoir a aménagé des intérieurs modernes et confortables. Le personnel de l'hôtel est sympathique et disponible 24h/24. Certaines suites sont équipées d'une baignoire balnéo. Connexion Internet dans les chambres. *157, rue Sherbrooke Est • plan D3 • (514) 285 0140 • www.armormanoir.com • $$$.*

4 Hôtel Wyndham Montréal

C'est dans cet hôtel que se déroulent chaque année les jams-sessions de minuit du Festival international de jazz de Montréal. L'atmosphère y est dynamique et cosmopolite, le personnel est très serviable et les chambres sont impeccables. *1255, rue Jeanne Mance • plan D1 • (514) 285-1450 • www.wyndham.com/montreal • AH • $$$$.*

5 Sofitel, Montréal

À quelques pas seulement des galeries, des musées, des boutiques et des boîtes de nuit du centre-ville, le Sofitel a grandement contribué à soulager le manque chronique de chambres d'hôtel de Montréal. Le restaurant Le Renoir est excellent. *1155, rue Sherbrooke Ouest • plan B3 • (514) 285 9000 • www.sofitel.com • AH • $$$$$.*

6 Château de Pierre, Québec

L'hôtel Château de Pierre doit une grande partie de son succès à sa situation extraordinaire. Les chambres décorées dans le style Empire jouissent d'une superbe vue sur le Saint-Laurent et les jardins des environs. *17, av. Sainte-Geneviève • plan L5 • (418) 694 0429 • www.quebecweb.com/chateaude pierre • $$$.*

7 Hôtel Terrasse Dufferin, Québec

Les vues spectaculaires sur le château Frontenac et le Saint-Laurent contribuent au charme du séjour dans cet hôtel. Les chambres sont équipées de coins cuisine et disposent d'un balcon. *6, place de la Terrasse-Dufferin • plan L5 • (418) 694-9472 • www.terrasse-dufferin.com • $$$.*

8 Loews le Concorde, Québec

L'hôtel possède 400 chambres et un restaurant, L'Astral, qui offre une vue panoramique sur la ville *1225, place Montcalm • plan J6 • (418) 647 2222 • www.loewshotels.com • AH • $$$$$.*

9 Hôtel Manoir Victoria, Québec

Un hall somptueux orné de meubles et de lambris en acajou fait office d'espace d'accueil dans cet immeuble classé. Billard, parking et restaurant. *44 côte du Palais • plan K4 • (418) 692 1030 • www.manoir-victoria.com • AH • $$$$.*

10 Hilton Québec, Québec

Le Hilton possède 577 chambres et une vue magnifique sur la ville. Il se trouve tout près des boutiques de la place Québec. *1100, bd René-Lévesque Est • (418) 647 2411 • www.hilton.com • AH • $$$$$.*

Sauf indication contraire, les hôtels acceptent les cartes de paiement et les chambres disposent d'une salle de bains et de l'air conditionné.

Gîte du plateau Mont-Royal

Catégories de prix

Prix par nuit avec petit déjeuner, si mentionné, taxe et service compris		
	$	moins de 50 $
	$$	entre 50 et 100 $
	$$$	entre 100 et 150 $
	$$$$	entre 150 et 200 $
	$$$$$	plus de 200 $

TOP 10 Hébergements bon marché

1 Vacances Canada MD Youth Hostel, Montréal

Cette auberge de jeunesse dispose de 250 lits, répartis dans des chambres pour deux, quatre ou six personnes. Elle loue également des studios pour des longs séjours. Il y a une salle TV, un gymnase et un parking. *5155, av. de Gaspé • plan D1 • (514) 278 7508 • www.vacancescanadamd.montrealplus.ca • AH • $.*

2 YWCA, Montréal

Surnommée l'« Y des femmes », cet établissement est devenu très populaire depuis que la YMCA principale a fermé ses portes. L'hôtel dispose de 66 chambres confortables. Les salles de bains en suite sont optionnelles. L'ambiance est chaleureuse. Les attractions et les restaurants du centre-ville se trouvent à quelques minutes à pied. TV câblée, piscine intérieure, réception ouverte 24h/24, service de teinturerie et salle de gym. *1355, bd René-Lévesque Ouest • plan H2 • (514) 866 9941 • www.ydesfemmesmtl.org • $$$.*

3 Gîte du plateau Mont-Royal, Montréal

Conçus pour des longs séjours, ces studios sont situés au cœur du quartier du plateau, à deux pas du boulevard Saint-Laurent et du Vieux-Montréal. *185, rue Sherbrooke Est • plan D3 • (514) 284 1276 • www.hostelmontreal.com • $.*

4 Auberge de jeunesse de Montréal

L'Auberge de jeunesse offre un hébergement de qualité bon marché dans le centre-ville depuis plus de 30 ans. Elle accueille aussi bien les voyageurs solitaires que les familles et les groupes, et organise des visites guidées thématiques. Il est recommandé de réserver au moins une semaine à l'avance. *1030, rue Mackay • plan G2 • (514) 843 3317 • www.hostellingmontreal.com • AH • $$.*

5 Auberge alternative de Vieux-Montréal

Une auberge indépendante installée dans le quartier du Vieux-Montréal. Ouverte toute la nuit, elle offre un choix de petits et grands dortoirs, des chambres privées. Elle met également à la disposition de ses hôtes une cuisine équipée et un accès gratuit à Internet. *358, rue Saint-Pierre • plan K3 • (514) 282 8069 • www.auberge-alternative.qc.ca • $.*

6 Auberge Saint-Louis, Québec

Des chambres bien tenues, la TV câblée, des salles de bains en option : cet hôtel bon marché du Vieux-Québec est une vraie trouvaille. Il est situé non loin des attractions, des clubs et des restaurants du quartier. *48, rue Saint-Louis • plan L5 • (418) 692 2424 • www.aubergestlouis.ca • $$.*

7 Auberge du Quartier, Québec

Cette auberge pleine de charme propose de jolies chambres à seulement 15 minutes de la vieille ville, dans un quartier plein de cafés et de restaurants. *170, Grande Allée Ouest • (418) 525 9726 • www.quebecweb.com/adq • $$.*

8 Centre international de séjours de Québec

Cette auberge sympathique propose un choix de chambres simples ou doubles et de dortoirs. On y profite de cuisines équipées, d'une salle de jeu et de connections Internet. *19 rue Sainte-Ursule • plan K5 • (418) 694 0755 • www.cisq.org • AH • $$.*

9 Auberge de la Paix, Québec

Cette auberge branchée dispose de 60 places réparties dans des chambres de deux à huit lits. Petit déjeuner inclus. *31, rue Couillard • plan L4 • (418) 694 0735 • www.aubergedelapaix.com • $.*

10 Auberge de jeunesse Le P'tit Bonheur, île d'Orléans

Les hôtes de l'auberge, située à 20 minutes du centre-ville de Québec peuvent faire du cheval ou du ski de fond dans les environs. *183, côte Lafleur, Saint-Jean • plan P3 • (418) 829 2588 • www.leptitbonheur.qc.ca • AH • $$.*

Gauche **Auberge Sauvignon** Droite **Auberge Comte de Watel**

TOP 10 Auberges

1 Auberge des Passants du Sans-Soucy, Montréal

Cette auberge du XVIIIe siècle gâte ses hôtes avec des fleurs, un feu de cheminée, un petit déjeuner délicieux et un jacuzzi. *171, Saint-Paul Ouest • plan K3 • (514) 842 2634 • www.lesanssoucy.com • $$$.*

2 Auberge Le Jardin d'Antoine, Montréal

Cet hôtel est situé en plein cœur du Quartier latin. Le personnel bilingue est sympathique. Le confort est moderne. On prend le petit déjeuner dans un salon agréable. Un parking est mis à la disposition des hôtes de l'auberge. *2024, rue Saint-Denis • plan L1 • (514) 843 4506 • www.hotel-jardin-antoine.qc.ca • $$$.*

3 Auberge de la Fontaine, Montréal

Les chambres de cet hôtel moderne offrent de belles vues sur le parc Lafontaine. 21 chambres. Ouvert 24h/24. *1301, rue Rachel Est • plan E2 • (514) 597 0166 • www.aubergedelafontaine.com • AH • $$$$$.*

4 Hostellerie Pierre du Calvet 1725, Montréal

Lits à baldaquin, rideaux épais, décoration raffiné : tout ici nous ramène quelques siècles en arrière. Des poutres apparentes, des bibelots anciens et une excellente cuisine française complètent le tableau. Le petit déjeuner est servi dans l'atrium et il y a un bar pour le cocktails du soir. *405, rue Bonsecours • plan L3 • (514) 282 1725 • www.pierreducalvet.ca • $$$$$.*

5 Auberge Saint-Louis, Québec

Cette auberge du Vieux-Québec offre un excellent rapport qualité/prix. Les attractions principales de la ville sont situées à quelques pas de là. *48, rue Saint-Louis • plan L5 • (418) 692 2424 • www.aubergestlouis.ca • $$.*

6 Auberge Ripplecove, Ayer's Cliff

S'étant vu décerner 5 étoiles par l'Office Québécois du tourisme, cette auberge est célèbre pour ses chambres romantiques, sa vue sur le lac Massawippi et son excellent restaurant. *700, rue Ripplecove • plan Q6 • (819) 838 4296 • www.ripplecove.com • AH • $$$$$.*

7 Auberge Sauvignon, Mont-Tremblant

À l'écart des sentiers battus, cet hôtel tranquille et élégant est tenu par Patrick, qui n'aime rien autant que de tenter ses hôtes avec ses spécialités de fruits de mer et de viandes. *2723, chemin Principal, sur la route 327 • plan N5 • (819) 425 5466 • www.aubergesauvignon.com • AH • $$$$.*

8 Auberge Comte de Watel, Sainte-Agathe-des-Monts

Cette auberge offre de belles vues sur le lac des Sables. On peut louer à l'hôtel des bateaux de pêche, des canoës, des kayaks, des bateaux à voile, des moto-neiges et des quads. *250, rue Saint-Venant • plan N5 • (819) 326 7016 • www.watel.ca • AH • $$$$.*

9 Manoir Hovey, North Hatley

Cette auberge cinq étoiles, qui abrite aussi un restaurant de qualité et un spa, est bâtie sur un ancien domaine bourgeois anglais. Elle offre le décor pittoresque du lac Wassawippi. *575, chemin Hovey • plan Q6 • (819) 842 2421 • www.manoirhovey.com • AH • $$$$$.*

10 Auberge du Vieux Foyer, Val-David

Située à une heure de Montréal, cette auberge se distingue par la qualité de sa cuisine. Elle se trouve à proximité de nombreux sites touristiques et naturels. *3167, 1er Rang Doncaster • plan N5 • (819) 322 2686 • www.aubergeduvieuxfoyer.com • AH • $$$$.*

Sauf indication contraire, les hôtels acceptent les cartes de paiement et les chambres disposent d'une salle de bains et de l'air conditionné.

La Maison Elizabeth et Emma

Catégories de prix

Prix par nuit avec petit déjeuner, si mentionné, taxe et service compris		
	$	moins de 50$
	$$	entre 50 et 100$
	$$$	entre 100 et 150$
	$$$$	entre 150 et 200$
	$$$$$	plus de 200$

TOP 10 Gîtes et auberges champêtres

1 Bed and Breakfast Downtown Network, Montréal

Grâce à leur réseau de 80 *B&B*, Bob et Mariko peuvent vous trouver une chambre dans le centre de Montréal à deux pas des attractions principales, des restaurants, des boutiques ou de votre point d'arrivée. *3458, av. Laval • plan D2 • (514) 289 9749 • www.bbmontreal.qc.ca • $$$.*

2 Bed-and-Breakfast City-Wide Network, Montréal

Fondé en 1980, le premier réseau de *B&B* de Montréal offre un grand choix d'adresses. Toutes les chambres sont inspectées. *2033, rue Saint-Hubert • plan E2 • (514) 738 9410 • www.bbmontreal.com • pas de cartes de crédit • $$$.*

3 Le Traversin B&B et spa Urbain, Montréal

Cet élégant immeuble de 1912 propose de jolies chambres, un petit déjeuner gourmand et un spa. *4124, rue Saint-Hubert • plan E2 • (514) 597 1546 • www.homeniscience.com/ le traversin • $$$.*

4 La Maison d'Elizabeth et Emma, Québec

Ce ravissant *B&B* fut nommé en l'honneur les filles des propriétaires. Façade historique, intérieurs Art déco, balcons, cette maison de trois étages située dans le quartier artistique propose trois jolies chambres. Parking gratuit. *10, av. Grande Allée Ouest • (418) 647 0880 • www.bbcanada.com/699.html • $$$.*

5 Chez Monsieur Gilles 2, Québec

Cette maison victorienne dont les tourelles évoquent un château miniature est dotée de hauts plafonds et de parquets. Elle propose cinq chambres ravissantes contenant des meubles d'époque, disposant de tout le confort moderne et de jolis balcons.
Le gîte dispose par ailleurs d'une table de billard, d'un piano et vous prêtera des bicyclettes. On peut prendre ses repas à la table d'hôte. *1720, chemin de la Canardière • (418) 821 8778 • www.sympatico.ca/mgilles • $$$.*

6 Hostellerie Rive gauche, Belœil

Située au sud de Montréal, cette hostellerie moderne surplombe la rivière Richelieu et le mont Saint-Hilaire. Dix-sept chambres et cinq suites dotées de baignoires. *1810, bd Richelieu • plan P6 • (450) 467 4477 • www.hostellerierivegauche.com • $$$$.*

7 Auberge le Canard Huppé, île d'Orléans

Cette auberge est appréciée pour son ambiance détendue et pour les merveilles qui figurent au menu. *2198 chemin Royal, Saint-Laurent • plan P3 • (418) 828 2292 • www.canard-huppe.com • AH • $$$.*

8 Auberge la Camarine, Beaupré

Au pied des pistes de ski du mont Sainte-Anne, au bord de la rivière, les 29 chambres et les deux suites de l'auberge La Camarine offrent un repos bien mérité. *10947, bd Sainte-Anne • plan P3 • (418) 827 5703 • www.camarine.com • $$$*

9 Auberge Lakeview Inn, Knowlton

Ce domaine victorien situé sur la rive du lac Brome dispose de 29 chambres, de quatre studios et de quatre salles de conférence. *50, rue Victoria • plan Q6 • (450) 243 6183 • www.aubergelakeviewinn.com • AH • $$$$$.*

10 Auberge des Gallant, Rigaud

On voit les cerfs venir paître à l'aube et au crépuscule aux abords de l'auberge.
Les chambres disposent de tout le confort moderne. L'auberge est ouverte toute l'année. *1171, chemin Saint-Henri, Sainte-Marthe • plan N6 • (450) 459 4241 • www.gallant.qc.ca • AH • $$$$.*

Les gîtes québécois s'apparentent à des Bed & Breakfast.

Index

U

V

W

X, Y

Z

Remerciements

Auteur
Écrivain, éditeur, musicien et historien, Gregory B. Gallagher vit dans sa ville natale, Montréal. Il publie des articles dans *The Montréal Gazette* et intervient dans le *Trendmaker Magazine* sur les thèmes de la gastronomie, des voyages et des événements exceptionnels.

Produit par Sargasso Media Ltd, Londres

Direction éditoriale Zoë Ross
Maquette Clare Thorpe
Iconographie Helen Stallion
Relecture Stewart J Wild
Collaboration éditoriale Jacqueline To

Photographie
Demetrio Carrasco
Photographie d'appoint Gregory B. Gallagher, Alan Keohane
Illustration chrisorr.com

POUR DORLING KINDERSLEY, LONDRES
Édition Douglas Amrine
Direction éditoriale Jane Ewart, Kathryn Lane
Coordination des révisions Mani Ramaswamy
Assistance à la coordination des révisions Mary Ormandy
Révision éditoriale Esther Labi
Cartographie Casper Morris
PAO Jason Little
Production Shane Higgins
Plans Martin Darlison et Tom Coulson, Encompass Graphics Ltd

Crédits photographiques
h = haut ; hg = en haut à gauche ; hc = en haut au centre ; hd = en haut à droite ; chd = centre haut à droite ; chg = centre haut à gauche ; ch = au centre en haut ; cdh = au centre à droite en haut ; cg = au centre à gauche ; c = centre ; cd = au centre à droite ; cdg = au centre à gauche en bas ; cdb = au centre à droite en bas ; cb = au centre en bas ; bg = bas à gauche ; b = en bas ; bc = bas au centre ; bd = bas à droite.

Malgré tout le soin que nous avons apporté à dresser la liste des auteurs des photographies publiées dans ce guide, nous demandons à ceux qui auraient été involontairement oubliés ou omis de bien vouloir nous en excuser. La correction appropriée serait effectuée à la prochaine édition de cet ouvrage.

Les éditeurs tiennent à remercier les personnes, compagnies et photothèques suivantes, qui leur ont permis de publier leurs photographies.

Archives nationales du Québec à Québec : 38b ; Auberge Sauvignon : 116hg ; Auberge Watel : 116hd

Basilique-Sainte-Anne-de-Beaupré : 3bg, 26–27 ;

Carnaval de Québec : 44hd ; Cirque du Soleil à Montréal : Benoit Camirand 39b ; Al Saib 57d ; Corbis : 16hg, 32hg, 32hd, 32b, 33cd, 36hd, 36b, 38hg, 38hd, 39hg, 43h, 46hd, 47, 50hd, hd 76b, 89h, 92hd, 93hd, 105hd, 107hd.

Festival international de Jazz de Montréal : 42hd ; Festival Montréal en Lumière : 42b ; Winston Fraser : 30hg, 44b, 84hg, 84hd.

Grand Prix de Montréal : 42hg, 49d.

Jardin botanique et Insectarium de Montréal : 15h, 17b, 46hg.

Les Productions Tessima Ltée : 31h, 44hg, 44c, 48hd, 48b, 49hg, 83d, 101h ; Yves Tessier 2hd.

Maurice Night Club : 50hg ; Musée de la Civilisation de Québec : Jacques Lessard 24–25, 25b ; Musée des Beaux-Arts de Montréal : Photo Marilyn Aitken, Rembrandt, *Portrait d'une jeune femme*, 20c ; Photo Denis Farley, Jean-Paul Riopelle *Le Roué*, © ADAGP, Paris et DACS, Londres 2003, 21h ; Musée Pointe-à-Callière : 6cd, 18hg, 18b, / Normand Rajotte 19cd.
Oratoire Saint-Joseph : 11b.

Parc olympique : 14-15 ; Pictures Colour Library : 28-29 ; Publi-photo : 22-23, 30c, 30b, 60-61, 70-71, 80hg, 80c, 82, 86hg, 86hd.

Salon du thé Cœur Soleil : 85 ; Starwood Hotel : W Hotels 62cd. Starwood Hotels : W Hotels 62cr. Tourisme Montréal : 46b, 48hg; Tourisme Québec : 3bd, 45, 100.

Tremblant : 7, 30-31, 81.

Upstairs at Jazz : 51h.

Toutes les autres illustrations © Dorling Kindersley, Londres. Pour de plus amples informations *www.dkimages.com*

Lexique

En cas d'urgence

Au secours !	**Help !**
Arrêtez !	**Stop !**
Appelez un médecin !	**Call a doctor !**
Appelez une ambulance !	**Call an ambulance !**
Appelez la police !	**Call the police !**
Appelez les pompiers !	**Call the fire department !**

L'essentiel

Oui/ Non	**Yes/No**
S'il vous plaît	**Please**
Merci	**Thank you**
Excusez-moi	**Excuse me**
Bonjour	**Hello**
Au revoir	**Goodbye**
Bonsoir	**Good night**
Quel, quelle ?	**What ?**
Quand ?	**When ?**
Pourquoi ?	**Why ?**
Où ?	**Where ?**

Quelques phrases utiles

Comment allez-vous ?	**How are you ?**
Très bien,	**Very well,**
Enchanté de faire votre connaissance	**Pleased to meet you.**
Où est/sont...?	**Where is/are...?**
Quelle est la direction pour...?	**Which way to...?**
Parlez-vous anglais ?	**Do you speak English ?**
Je ne comprends pas.	**I don't understand.**
Excusez-moi	**I'm sorry.**

Quelques mots utiles

grand	**big**
petit	**small**
chaud	**hot**
froid	**cold**
bon	**good**
mauvais	**bad**
ouvert	**open**
fermé	**closed**
gauche	**left**
droit	**right**
tout droit	**straight ahead**
l'entrée	**entrance**
la sortie	**exit**

Les achats

C'est combien s'il vous plaît ?	**How much does this cost ?**
je voudrais...	**I would like ...**
Est-ce que vous avez ?	**Do you have ?**
Est-ce que vous acceptez les cartes de crédit ?	**Do you take credit cards ?**
A quelle heure vous êtes ouvert ?	**What time do you open ?**
A quelle heure vous êtes fermé ?	**What time ? do you close ?**
Celui-ci	**This one**
Celui-là	**That one**
cher	**expensive**
pas cher, bon marché	**cheap**
la taille	**size, clothes**
la pointure	**size, shoes**
blanc	**white**
noir	**black**
rouge	**red**
jaune	**yellow**
vert	**green**
bleu	**blue**

Les magasins

le magasin d'antiquités	**antique store**
la boulangerie	**bakery**
la banque	**bank**
la librairie	**bookstore**
la pâtisserie	**cake shop**
la fromagerie	**cheese shop**
la pharmacie	**chemist**
le dépanneur	**convenience store**
le grand magasin	**department store**
la charcuterie	**delicatessen**
le magasin de cadeaux	**gift shop**
le marchand de légumes	**fruit and vegetable store**
l'alimentation	**grocery store**
le marché	**market**
le magasin de journaux	**newsstand**
la poste, le bureau de poste	**post office**
le supermarché	**supermarket**
la tabacie	**smoke shop**
l'agence de voyages	**travel agent**

Le tourisme

l'abbaye	**abbey**
la galerie d'art	**art gallery**
la gare d'autobus	**bus station**
la cathédrale	**cathedral**
l'église	**church**
le jardin	**garden**
la bibliothèque	**library**
le musée	**museum**
la gare	**train station**
le bureau d'information	**tourist information office**
l'hôtel de ville	**town hall**

À l'hôtel

Est-ce que vous avez une chambre ?	**Do you have a vacant room ?**
la chambre pour deux personnes, avec un grand lit	**double room, with double bed**
la chambre à deux lits	**twin room**
la chambre pour une personne	**single room**
la chambre avec salle de bains, une douche	**room with a bath, shower**
J'ai fait une réservation	**I have a reservation.**

Au restaurant

Avez-vous une table de libre ?	**Have you got a table ?**
Je voudrais réserver une table.	**I want to reserve a table.**
L'addition s'il vous plaît.	**The bill please.**
Madame, Mademoiselle/Monsieur	**Waitress/waiter**
le menu, la carte	**menu**
la table d'hôte	**fixed-pricemenu**
le couvert	**cover charge**
la carte des vins	**wine list**
le verre	**glass**
la bouteille	**bottle**
le couteau	**knife**
la fourchette	**fork**
la cuillère	**spoon**
le petit déjeuner	**breakfast**
le déjeuner	**lunch**
le dîner	**dinner**
le plat principal	**main course**
l'entrée, le hors-d'œuvre	**appetizer, first course**
le plat du jour	**dish of the day**
le bar à vin	**wine bar**
le café	**café**

Lire le menu

cuit au four	**baked**
le boeuf	**beef**
la bière	**beer**
bouilli	**boiled**
le pain	**bread**
le beurre	**butter**
le gâteau	**cake**
le fromage	**cheese**
le poulet	**chicken**
les frites	**chips**
le chocolat	**chocolate**
le café	**coffee**
le dessert	**dessert**
l'oeuf	**egg**
le poisson	**fish**
les fruits frais	**fresh fruit**
l'ail	**garlic**
grillé	**grilled**
le jambon	**ham**
la crème glacée	**ice cream**
les glaçons	**ice cubes**
l'agneau	**lamb**
le citron	**lemon**
la viande	**meat**
le lait	**milk**
l'eau minérale	**mineral water**
l'huile	**oil**
les oignons	**onions**
jus d'orange frais	**fresh orange juice**
jus de citron frais	**fresh lemon juice**
le poivre	**pepper**
le porc	**pork**
pommes de terre	**potatoes**
le riz	**rice**
rôti	**roast**
le sel	**salt**
la saucisse	**sausage, fresh**
les fruits de mer	**seafood**
les escargots	**snails**
la soupe, le potage	**soup**
le bifteck	**steak**
le sucre	**sugar**
le thé	**tea**
les légumes	**vegetables**
le vinaigre	**vinegar**
l'eau	**water**
le vin rouge	**red wine**
le vin blanc	**white wine**

Le jour et l'heure

une minute	**one minute**
une heure	**one hour**
une demi-heure	**half an hour**
un jour	**one day**
lundi	**Monday**
mardi	**Tuesday**
mercredi	**Wednesday**
jeudi	**Thursday**
vendredi	**Friday**
samedi	**Saturday**
dimanche	**Sunday**

Index des noms de rues